ELOGIO ESPIRITUAL DE LA
TERNURA

ODILE HAUMONTÉ

Elogio espiritual de la
TERNURA

SAN PABLO

© SAN PABLO 2024 (Protasio Gómez, 11-15. 28027 Madrid)
Tel. 917 425 113 - Fax 917 425 723
E-mail: secretaria.edit@sanpablo.es - www.sanpablo.es
© Groupe Elidia 2023
Éditions Artège
10 rue Mercoeur - 75011 Paris
9 espace Méditérranée - 66000 Perpignan
www.editionsartege.fr

Título original: *Éloge spirituel de la tendresse*
Traducido por María Jesús García González

Distribución: SAN PABLO. División Comercial
Resina, 1. 28021 Madrid
Tel. 917 987 375 - Fax 915 052 050
E-mail: ventas@sanpablo.es
ISBN: 978-84-285-7052-7
Depósito legal: M. 1.688-2024
Impreso en LiberDigital
Printed in Spain. Impreso en España

*«Revestíos de ternura, bondad, humildad,
mansedumbre, paciencia».*
San Pablo

*«Con cero violencia y cien por cien de ternura,
construyamos la paz evangélica
que no excluye a nadie».*
Papa Francisco

*«Somos el ejército de la ternura de Dios
para el mundo».*
Raphaël Cornu-Thénard

Para Nicole y Claude,
mis padres.

Para Mi-Fa y Gérard,
mis suegros.

Introducción

Cuando escuchamos la palabra «ternura», quizá tengamos en mente la idea de suavidad, de una debilidad ingenua y un tanto empalagosa. Pero estos conceptos no tienen nada que ver con la verdadera ternura. A la ternura se vincula enseguida la idea de pureza. Velos blancos, el sonido de una corriente de agua cristalina, la risa de un niño... Para san Bernardo de Claraval, «somos vasijas de barro, y solo podemos dar lo que nos desborda». La ternura es ese desbordamiento, ese aumento, lo que nos queda por ofrecer cuando hemos dado ya lo necesario, como un suplemento de amor que procede del amor.

Hay una rica semántica en torno a esta sencilla palabra; en ella encontramos la gratuidad y el respeto, la autenticidad y el pudor, la delicadeza y la vulnerabilidad. «La ternura es un movimiento que nos anima a seguir un camino flanqueado de sensaciones y sentimientos donde se encuentran, mezclados, benevolencia, aceptación, abandono, pero también confianza, impulso, asombro, descubrimiento»[1].

---

[1] J. Salomé, *Apprivoiser la tendresse. Pour aller vers l'autre*, Jouvence éditions, Ginebra 2015.

Todos nosotros aspiramos a ello: a ser mirados con ternura, desde nuestro primer instante de vida hasta nuestro último aliento, como una caricia del alma, un beso dado de corazón.

Aprendamos a aceptarla para compartirla mejor; que nuestras palabras, nuestros gestos, nuestras miradas estén impregnados de ternura, bálsamo perfumado sobre las heridas del mundo.

La ternura
es un sentimiento entrañable
de amistad, de afecto, de amor
que se manifiesta por medio de palabras,
gestos dulces y atenciones delicadas[2].

---

[2] Diccionario *Larousse*.

CAPÍTULO 1

La ternura de una madre

«Los únicos ojos bonitos son los que te miran con ternura», decía Coco Chanel. La mujer que reafirmó la figura de las mujeres a principios del siglo XX, adornándolas de sencillez y elegancia, nos recuerda que la primera elegancia es la del corazón. La elegante actriz Audrey Hepburn, cuando le preguntaron sus secretos de belleza, respondió con este poema de Sam Levenson[1]:

Para tener unos labios atractivos, pronuncia palabras amables.

Para tener unos ojos bonitos, busca con tu mirada lo bueno de las personas.

Para tener una figura estilizada, comparte tu comida con quien tiene hambre.

Para tener unos cabellos bonitos, deja que un niño pase sus dedos por ellos cada día.

---

[1] Poeta y humorista estadounidense (1911-1980) que escribió también: «Un flechazo es algo muy comprensible. Lo milagroso es que dos personas se miren durante toda la vida».

Para mantener la compostura, camina sabiendo que nunca estás sola, porque quienes te aman caminan junto a ti. [...]

La belleza de una mujer no está en su maquillaje, sino en la auténtica belleza de su alma.

Es la ternura que da; el amor y la pasión que manifiesta.

Cuando hablamos de ternura, la primera imagen que nos viene a la cabeza, ¿no es la de una mujer, la de una madre? Quizá pensemos en un cuadro de la Natividad, donde vemos a María sostener al niño Jesús junto a su mejilla. O, sencillamente, en una mujer dando el pecho a su bebé, inclinada hacia él, prestándole toda su atención.

Un apego natural

En el reino animal observamos que, en cuanto paren a su cría, las hembras de los mamíferos desarrollan un apego maternal hacia ella: la limpian, la alimentan, velan por ella; pueden incluso volverse agresivas si perciben un peligro. Este apego o *bonding* lo causa una hormona, la oxitocina, que también genera la subida de la leche. Dura un tiempo más o menos prolongado, hasta el destete. Tomemos como ejemplo a una perrita y a su cachorro: si permanecen juntos después del destete, se hacen amigos, juegan juntos, manifiestan angustia cuando el otro está ausente, pero su relación no es ya la de progenitor y prole: se sitúan en un plano de igual a igual e incluso podrían aparearse llegado el momento.

Entonces, ¿no hay amor más que el hormonal? ¡Entonces el flechazo sería una historia de feromonas!

Estemos tranquilos, ¡el amor materno es una realidad! Pero a menudo le sigue una carrera de obstáculos y, en ocasiones, la ternura no se da por descontada, sino que hay que construirla. La situación ideal es la de un alumbramiento que vaya bien y en que el niño nazca con buena salud. Entonces se pone al niño sobre su madre, y ese es el momento del encuentro: el niño imaginado, soñado, fantaseado, se convierte en un niño real; y la madre imaginada, soñada, fantaseada *in utero,* se convierte en la madre real. Hay un descubrimiento mutuo, una familiarización: estos son los pies que me daban esas fuertes pataditas; esta es la voz que me cantaba mientras acariciaba su vientre. El apego nace, crece y se convierte en un amor que va aumentando con el paso de los años, en cada etapa.

Pero son muchas las situaciones que escapan a este entorno ideal: un problema médico que separa al niño de su madre al nacer, cuando uno o el otro están en peligro; una reacción de la madre que no se reconoce como madre por agotamiento, por angustia, por un bloqueo que procede del pasado y de su propia historia; un rechazo al sexo o al aspecto del bebé; una discapacidad, una malformación del bebé...

El encuentro no ha tenido lugar, no se produce la familiarización. En el reino animal es el final, hay que encontrar una madre sustituta, la situación no tiene solución. Afortunadamente, el amor humano atesora recursos inagotables; la ternura acabará encontrando, casi siempre, su camino. A veces solo en su lecho de muerte... ¡o incluso en la lectura del testamento!, es cuando una madre confiesa a su hijo cuánto lo ha querido.

Al contrario de lo que ocurre con el cervatillo o el potro, que se ponen en pie sobre sus patitas temblorosas, el bebé es totalmente vulnerable, depende por completo de su madre para sobrevivir, para su bienestar, para su seguridad, porque necesita tanto ternura, sonrisas y cariño como leche y cuidados. Esta vulnerabilidad atrae hacia el pequeño, pero enseguida el amor se enriquece con miles de interacciones: un balbuceo que responde a una palabra, una risa después de unas cosquillitas, una cabecita que se abandona entre los brazos, una manita que busca tu mejilla... El amor se inventa con el paso de los días, semanas, meses, años; evoluciona de la maternidad a la complicidad, al apoyo incondicional, a las reprimendas necesarias («Quien bien ama bien castiga», y castiga con equidad... para hacer crecer).

El amor es paciente, es benigno; el amor no tiene envidia, no presume, no se engríe; no es indecoroso ni egoísta; no se irrita; no lleva cuentas del mal; no se alegra de la injusticia, sino que goza con la verdad. Todo lo excusa, todo lo cree, todo lo espera, todo lo soporta. El amor no pasa nunca. Las profecías, por el contrario, se acabarán; las lenguas cesarán; el conocimiento se acabará (1Cor 13,4-8).

De Folcoche a Augustine

Madres distantes, madres deprimidas, madres maltratadoras, madres infanticidas... o cuando el encuentro de la ternura ha fracasado. Encontramos esta terrible imagen en Folcoche, como la llamaba su hijo Jean, nombre tras el cual se oculta el escritor Hervé Bazin, cuando habla de su propia infancia. Sus padres vivían en China, Jean y su hermano fueron criados por su abuela y por su tía. «La abuela murió. Mi madre llegó. Y este relato se convirtió en tragedia»[2]. El primer encuentro fue el comienzo de una secuencia de abusos y vejaciones que durará hasta la muerte de la madre[3]:

> Entusiasmados, nos precipitamos sobre sus piernas, a las puertas del coche.
>
> —¡Pero vais a dejarme salir o no! [...]

---

[2] H. BAZIN, *Vipère au poing*, Grasset, París 1948 (ed. esp.: *Víbora en el puño*, Contraseña, Zaragoza 2004).

[3] Podemos leer la continuación menos conocida de esta conmovedora historia en *La mort du petit cheval* (1950) y *Cri de la chouette* (1972), donde Folcoche siembra discordia en la familia de Jean.

Para cortar por lo sano con todas nuestras efusiones, lanzó rápidamente a su derecha, y luego a su izquierda, sus manos enguantadas. Y nos encontramos en el suelo, abofeteados con una fuerza y una precisión que denotaban gran entrenamiento.

Cuando por fin consigue su liberación –su ingreso en un internado y la posibilidad de crecer lejos del infierno doméstico en el que se ha convertido el entorno familiar, donde tantas alegrías había conocido cuando era pequeño–, Jean hace esta amarga observación:

Era un recién llegado a la vida y, gracias a ti, ya no creía en nada ni en nadie. Quien no crea en mi Padre [dice Jesús] no entrará en el reino de los cielos. Quien no crea en su madre no entrará en el reino de la tierra. Toda fe me parece un engaño, toda autoridad una maldición, toda ternura una maquinación.

En las antípodas literarias de Folcoche aparece la luminosa figura de la alegre y frágil Augustine, la madre del escritor y cineasta Marcel Pagnol, a quien este rinde homenaje en *La gloria de mi padre* y, sobre todo, en *El castillo de mi madre*[4]. Esta alegre

---

[4] M. PAGNOL, *La gloire de mon père*, Éd. Pastorelli, 1957; *Le château de ma mère*. Se publicó también en 1957, seguida de *Le temps des secrets* (1960) y *Le temps des amours* (1977, edición póstuma). [Existe edición española de los dos primeros títulos: *La gloria de mi padre* y *El castillo de mi madre*, Siruela, Madrid 2023].

institutriz de corazón delicado es conmovedora, eternamente joven, y se fue demasiado pronto.

En los brazos de un rosal silvestre, bajo manojos de rosas blancas y al otro lado del tiempo, hubo durante años una mujer morena muy joven que aferraba siempre sobre su frágil corazón las rosas rojas del coronel. Escuchaba los gritos del guarda y el ronco ladrido del perro. Pálida, temblorosa, y siempre desconsolada, no sabía que estaba en casa de su hijo.

Puede que cada vez sepamos más sobre las fases del desarrollo del bebé, y podamos acompañar mejor a las jóvenes mamás desde el principio del embarazo, pero aun así el bebé nos llega sin instrucciones de uso. Debemos aprenderlo todo por nosotras mismas, a veces tanteando; debemos confiar en que nuestro bebé sabrá expresar sus necesidades y manifestar su satisfacción; ante todo, debemos confiar en que somos la mejor madre posible para nuestro hijo, para nuestra hija, sencillamente porque... ¡somos su madre!

Podríamos haberlo hecho mejor, estar más atentas, más disponibles, más tranquilas, más confiadas, seguir nuestro instinto y nuestra intuición, cerrar nuestros oídos a consejos diferentes y contradictorios, no tratar de parecernos a la madre perfecta que no existe. Podríamos haberlo hecho mejor, pero lo hicimos lo mejor que pudimos.

Vi una vez un dibujo humorístico que me sentó muy bien; mostraba a una joven mamá sosteniendo a un bebé en sus brazos y rodeada por bocadillos de diálogo llenos de consejos: «Te digo que...», «Deberías...», «No tienes que...», «Es necesario que...». La mamá sonreía maliciosamente dirigiéndose a su hijo: «¿Sabes qué? Voy a empezar por quererte mucho, y para lo demás ya se verá».

Yo viví una experiencia increíble cuando miré por primera vez a los ojos a cada uno de mis hijos... pero sobre todo a mi hija mayor: esa fue la mirada que hizo de mí una madre. Me habría gustado saber entonces lo que aprendí después: que mi hija no esperaba de mí a una experta, sino la alegría, la paz, la confianza, el entusiasmo... y la ternura. Me habría gustado estresarme menos ¡y disfrutar más! Fui ganando confianza y serenidad a medida que nacían mis otros hijos... cuatro... ¡cinco! Para este «último bebé» era casi demasiado: una fiesta, ¡un baile! Pero es que nació en África, y allí, claro, ¿cómo no íbamos a bailar?

CAPÍTULO 2

La ternura de un padre

Está el padre que hemos tenido; el padre que hubiéramos querido tener; el padre que creíamos merecer; las figuras paternas que nos han marcado: un maestro, un sacerdote, un amigo de nuestros padres, el padre de un compañero...

Está el padre al que no vemos, el que ha estado ausente, el que nos ha traicionado, pegado, rechazado.

Está el padre que nos gustaría ser, el que se construirá por oposición o por imitación, o el padre que se percibirá a través de sus hijos, que se dejará modelar por su mirada, por sus necesidades, por su amor.

La confianza

Es muy difícil ser padre: el vínculo es menos evidente, menos inmediato, que entre un lactante y su madre. Y, sin embargo, ¡qué grande es la expectativa del hijo –niño o niña– frente a su padre! ¿Cómo ser a la vez fuerte y tierno, firme y comprensivo, disponible sin ser agobiante, atento sin ser entrometido?

Es el equilibrio sutil que el padre solo encontrará con la sabia ayuda de su mujer, con su apoyo. Si cada uno de ellos desempeña una función afectiva problemática con sus hijos, tratando de sacar lo mejor de ellos por medio de chantajes y seducciones; si, simplemente, los cónyuges están mal ubicados, al padre le costará encontrar su lugar, mostrar la actitud correcta. Y al contrario: qué iluminador cuando los dos cónyuges se valoran mutuamente, en la alegría y el respeto, en el diálogo y la transparencia, cuando cada uno de ellos manifiesta su confianza en el otro apoyando sus decisiones, convencido de que ha tomado la mejor decisión posible para la familia y todos sus miembros.

Sin duda, siempre que sea posible, los dos padres tomarán juntos las decisiones, y, en el caso de los temas más importantes, lo ideal será consultar a los hijos para que ellos den su opinión; ¡cuánta energía se pierde en pequeñeces!

«¿Cómo dices? ¿Has invitado a tus amigos a cenar el viernes por la noche? ¿No te parece que he tenido una semana lo suficientemente sobrecargada como para tener ahora ganas de hacerme cargo de tus amigos?».

«¿Has dejado que Jérémie haga los deberes después de la ducha? ¡Sabes que yo quiero que los haga siempre *antes!*».

«No, no he llamado a tu madre ni a tu hermana para organizar tu cumpleaños, creo que soy capaz de hacerlo yo sola, ¿no te parece?».

¡Seguro que nos vienen a la cabeza decenas de ejemplos! Pero si acabamos de una vez por todas con estas «batallas de Verdún» para ganar un centímetro cuadrado de terreno, con esos enfrentamientos inútiles que agotan nuestra energía, podremos canalizar esa energía en cosas mucho mejores.

¿Habéis soñado, como yo, con enterrar el hacha de guerra y obtener a cambio un superpoder que multiplique vuestras energías por cien, o por mil? Ese superpoder existe: se llama confianza.

¡Qué hermoso camino de libertad se abrirá entonces ante nosotros! Es un acto de confianza que hay que repetir todos los días, pero ¡qué liberación! Todos nuestros recelos, nuestras angustias, nuestras estrategias de defensa ceden el paso y dejan espacio libre a la ternura, la dicha y la gratitud.

Si hemos tomado la exigente y beneficiosa decisión de desterrar de nuestro día a día los alimentos procesados, el despilfarro, el trío «grasa-sal-azúcar», tan perjudicial para nuestro organismo, ¿qué hacemos con nuestro corazón? Podemos vaciarlo de la amargura, de la envidia, de las recriminaciones, y dejar que entre en su interior un gran viento de primavera: ese viento que, según el santo papa Juan XXIII, es el aliento del Espíritu Santo.

La seguridad

La pirámide de las necesidades de Maslow[1] nos recuerda que la necesidad de seguridad viene justo después de las necesidades fisiológicas, como beber, comer y vestirse: seguridad de cobijo (alojamiento, hogar); seguridad de ingresos y recursos; seguridad física frente a la violencia, la delincuencia y las agresiones; seguridad moral y psicológica; seguridad de estabilidad familiar o al menos afectiva; seguridad médica y de salud. Hoy día hay muchos hombres que sufren, humillados por no poder cubrir las necesidades básicas de su familia.

La ternura solo puede prosperar en un entorno seguro. Por lo general, la madre dará al bebé la seguridad afectiva y el padre la seguridad material, pero también puede ser a la inversa.

Pero esta seguridad es más interior que exterior. Por ejemplo, ¿existe un lugar menos seguro que un campo de concentración nazi? Y sin embargo fue en este mortífero lugar donde Guido, un judío italiano, consiguió crear una burbuja de alegría y confianza

---

[1] El psicólogo estadounidense Abraham Maslow presentó en 1943 un modelo jerárquico de necesidades de acuerdo con cinco niveles, explicando que mientras el primer nivel no esté cubierto no se podrá acceder al siguiente nivel; estos niveles van desde el más básico (hambre, sed) hasta el más complejo (creatividad), pasando por la seguridad del empleo, el amor de la familia y el respeto de los demás. Los cinco niveles son: necesidades fisiológicas, necesidades de seguridad, necesidades de pertenencia y de amor, necesidades de afecto y necesidades de realización personal.

para su hijo Giosué, al hacerle creer que todo eso no era más que un juego[2].

La seguridad es también poder saciar el hambre cada día. ¿Nos damos cuenta de la suerte que tenemos en Occidente, que podemos comer de todo y en abundancia? ¿En qué momento hemos caído en la «comida basura», en la «sobrealimentación», hasta el punto de que muchos gastan más dinero en tratar de adelgazar que en alimentarse? Quizá si regresamos a esas buenas prácticas de bendecir la mesa antes de comer y de dar las gracias, recuperemos la actitud correcta que debemos tener ante los alimentos. Aún conservo en la memoria el recuerdo de uno de mis abuelos, molinero, que siempre hacía una cruz sobre el pan con el cuchillo antes de partirlo. Luego tomaba un trozo en sus manos y aspiraba su aroma. Le alegraría mucho ver que hemos vuelto a esos panes hermosos y sanos, densos y sabrosos, que alimentan tanto el cuerpo como el alma.

Recibimos los alimentos para saciar las necesidades fisiológicas de nuestro cuerpo, no para llenar una carencia afectiva o existencial, y mucho menos espiritual. Además, cuando nos sentimos de verdad felices ¡nos olvidamos de comer!

---

[2] Película *La vida es bella,* de Roberto Benigni, 1997.

El orgullo

No hay motor más poderoso para un niño que leer el orgullo en los ojos de su madre o de su padre ante una acción terminada.

Sobre todo, con más frecuencia, ante los ojos del padre, porque el niño suele estar habituado a ver la admiración en el rostro de su madre: sus primeras palabras, sus primeros pasos, sus primeros dibujos, e incluso sus travesuras (pero esto hay que evitarlo, porque no es muy pedagógico...). No me estoy refiriendo al orgullo de los padres que impulsan a sus hijos más allá de sus límites, persiguiendo un sueño que viven a través de ellos. Es terrible darse cuenta un día de que para conseguir esos «pequeños prodigios» han sido despojados de sus sueños por los de sus padres, y que los adultos les han robado su infancia.

Al contrario, ¡qué hermoso es ese orgullo hecho de abnegación y de ternura al ver al niño crecer, alcanzar sus logros, brillar! Esos padres que dicen a sus hijos que son inteligentes y guapos les están haciendo un regalo para el futuro: la confianza en sí mismos.

No tengamos celos de nuestros hijos, no nos sintamos amenazados si lo hacen igual de bien que nosotros, o mejor que nosotros; al contrario: felicitémonos, porque hemos cumplido nuestra misión.

«El padre es el único que no siente envidia del talento de su hijo»[3]. Ese es el significado de criar[4], ¿no? Criar un hijo es permitir que crezca, tomarle en nuestros brazos para alzarle de la tierra al cielo.

Él convertirá el corazón de los padres hacia los hijos, y el corazón de los hijos hacia los padres (Mal 3,24).

---

[3] Johann Wolfgang von Goethe, novelista, dramaturgo, diplomático y científico alemán, que falleció en 1832.

[4] En francés, *élever* significa tanto criar como elevar. [N. de la T.]

CAPÍTULO 3

La ternura en la pareja

Domingo por la mañana. Termino mi taza de té, apoyada en la almohada, en el calor del edredón. Sentado a mis pies, mi marido tararea; abrazado a la guitarra, se inclina sobre una partitura, con un rotulador rojo en la mano. Está componiendo el coro para un salmo y está buscando un acorde que se le escapa. Insatisfecho, sus dedos se deslizan por el mástil, chirriando. Ya está, la nota se deja captar, y nace la armonía. Me sonríe: «¡Escucha esto!». Arriba, los niños siguen durmiendo. Grabo en mi memoria ese instante apacible en el que la ternura hace su nido en la habitación, entre dos acordes de guitarra.

La vida en pareja se construye con grandes momentos y al mismo tiempo con las pequeñas cosas del día a día. Regamos nuestras plantas, pero ¿regamos lo bastante el terreno de nuestro amor?

Si no me lo dices

«Ella sabe perfectamente que la quiero».
«Él sabe que le apoyo, se lo demuestro con todo lo que hago...».

¡Pues no! Puede que quieras con todo tu corazón, pero si no me lo dices, no lo sabré. Hablamos con frecuencia de los malentendidos en las parejas, pero nunca podemos «entender mal»[1] algo que no se ha dicho nunca o que se ha dicho hace mucho tiempo. Al principio sí, se decía, se escribía, se cantaba. Nuestras manos, nuestras miradas, se buscaban constantemente. Pero luego se va instalando la rutina, con una especie de obviedad. Como nos sentimos bien con nuestros sentimientos, pensamos que nuestra pareja siente lo mismo. Pero es muy triste ver que algunos sufren junto a la persona que aman, que no tiene ni la menor idea, porque están esperando una palabra tierna o una caricia que les demuestre que siguen siendo la única persona para ella o para él.

El padre Michel Martin-Prével afirma que «creemos demasiado rápido que el amor de nuestra pareja es indudable, pero el amor, como el viento, se ve por los efectos que produce. La ternura en todas sus formas es un indicador del amor, junto con el perdón y el servicio. Nuestra historia sensible y herida puede

---

[1] Juego de palabras. En francés, *entendre* significa entender y escuchar. [N. de la T.]

bloquearnos en esos gestos sencillos y cotidianos de la ternura»[2]. Él dice que hay dos medios eficaces para dar testimonio de la ternura: la sonrisa, «clave secreta de los sentimientos, hendidura del alma», y el tacto, que «sustenta el interés que siento por el otro»[3].

Hay muchas parejas en crisis que se dan cuenta de que la situación es una completa bobada. Cada uno espera que el otro manifieste sus ganas de reavivar la llama, pero ninguno se atreve a dar el primer paso, por miedo a parecer ridículo o ganarse una reprimenda. Afortunadamente, en Dios no hay tiempo perdido. Los remordimientos, los «si hubiera sabido» se consumen en la hoguera de un eterno presente en el que Dios nos dice que todo es posible, que todo comienza hoy.

La misma dirección

Es humanamente imposible prometerse amor y fidelidad hasta el fin de nuestros días, porque el otro va a cambiar, puede que nos traicione, nos desconcierte, nos desagrade, nos asuste, nos moleste, nos avergüence... Un buen ejercicio que puede hacerse

---

[2] «Couples: les heureux effets secondaires de la tendresse» (1 de marzo de 2020), en https://fr.aleteia.org/2020/03/01/couple-les-heureux-effets-secondaires-de-la-tendresse/.

[3] *Ib.*

en pareja es preguntarse, después de diez, veinte o cuarenta años de matrimonio: si nos conociéramos hoy, ¿me enamoraría de ti, querría casarme contigo? Es una vertiginosa pregunta que provoca una cascada de: «Y si...», pero toca algo muy profundo. Viene a preguntar: ¿Seré capaz de encontrar ese primer impulso, ese vuelco del corazón y del cuerpo que me arrojaban a sus brazos cuando le veía? Hace poco le propuse a mi marido que me escribiera un poema como solía hacer treinta y cinco años antes... mi sugerencia le hizo reír mucho.

Humanamente es imposible, estamos de acuerdo en eso. Pero entonces, ¿qué nos permite perdurar? Como decía Saint-Exupéry, el secreto no es vivir mirándose el uno al otro a los ojos, sino «mirar juntos en la misma dirección».

Para algunos, esta misma dirección será dedicarse a sus hijos; pero, cuando estos se vayan del nido, ¿en qué se convertirá la pareja, sabrá encontrar un nuevo impulso en intereses compartidos, en una complicidad reinventada? Para unos será perseguir un ideal, ya sea político, humanitario, cultural, musical... compartir una pasión, una actividad. Para otros, trabajar juntos, pero por desgracia esto no siempre funciona. Para algunos otros, se trata de dejarlo todo e ir a vivir juntos una aventura, vivir una vida sencilla en contacto con la naturaleza, irse a vivir a otro país... Todos estos escenarios nos muestran que el secreto de una pareja que se ama y que perdura consiste en descentrarse de sí misma para fijar la mirada en un objetivo, en algo o en alguien.

Esta dirección común, ya sea un ideal, una pasión, una vocación, o un compromiso, crea un equilibrio en la pareja. Este equilibrio es importante para que no haya un cónyuge que se erija en salvador y el otro en víctima, uno en deudor y otro en acreedor, uno en una cosita frágil y el otro en un superhéroe; con frecuencia los papeles se reparten en una complementariedad –uno habla más que el otro, o será el alma de la fiesta que su cónyuge moderará–, pero cada uno tiene que conservar su propia personalidad. «Serás amado el día en que puedas mostrar tu vulnerabilidad sin que el otro se sirva de ella para reafirmar su fuerza»[4].

Mirar juntos en la misma dirección es avanzar de la mano por un camino que unas veces será ancho y arenoso, y otras veces tortuoso y escarpado, con la misma cadencia de paso que hemos aprendido a dar juntos en el transcurso del tiempo.

---

[4] Cesare Pavese, escritor italiano fallecido en 1950.

CAPÍTULO 4

La ternura en nuestras familias

Mi familia... No tengo más que pronunciar estas dos palabras y mi corazón se hincha de alegría. La familia de la que procedemos y la que hemos construido son los dos polos de nuestro pequeño mundo, y aunque algunos recuerdos son dolorosos, sabemos perfectamente que es imposible tratar de suprimir una de ellas de nuestra vida.

Abramos los brazos

El niño avanza con paso vacilante, se tambalea un poco, con los brazos hacia delante, se cansa, se va a caer... y las manos de su padre lo levantan para sentarlo sobre sus hombros, o las manos de su madre lo cogen para sentarlo sobre sus rodillas. Lo han hecho sin pensar, sin dejar de hablarle, como si fuera algo natural. Los padres son todos unos esquizofrénicos:

una parte de ellos está trabajando, hablando, mirando el móvil, y otra parte está constantemente atenta a su hijo. A veces vemos que se precipitan de un salto para evitar un golpe de su hijo mientras nosotros no nos hemos percatado de nada. Ese suspiro alegre del niño, a hombros de su padre o sobre las rodillas de su madre, nos hace envidiarlos. ¿Hemos vivido después un abandono como ese en los brazos de alguien, hemos conocido una confianza parecida a esa?

Las revelaciones de pederastia han liberado de su yugo a miles de víctimas que han podido emprender un camino de curación; pero su efecto colateral es haber vertido el veneno de la sospecha y de la desconfianza en algo que es para el niño tan vital como el alimento y la bebida: las expresiones de ternura. Ya no nos atrevemos a acariciar la mejilla del precioso bebé de esa pareja de amigos con los que nos encontramos por la calle, ni a sentar a un niño en nuestras rodillas.

Recuerdo a una maestra de primaria, una mujer firme y justa que ocultaba tras su malhumor la ternura que sentía hacia nosotros. Cuando dejamos de ser alumnos suyos, ya podíamos ir a darle un beso en el patio. Había que verla, cada día, cruzar el patio y verse detenida a cada paso por la fila de niños y niñas que acudían a lanzarse a sus brazos para buscar esos mimos que iluminaban su día.

Contacto prohibido

Llegamos aún más lejos con la pandemia que comenzó en 2019 y su palabra más famosa, «aislarse»: nada de abrazos, nada de coger en brazos, mantener la distancia. ¡Nunca antes habíamos vivido algo parecido! ¿Cuántas personas murieron sin que nadie les sostuviera la mano?

Recordemos la terrible experiencia que ocasionó el emperador Federico II, «aisló a seis bebés para que fueran criados sin la menor comunicación e interacción humana con el fin de determinar si había una lengua natural innata. Los seis bebés murieron a causa de este inhumano aislamiento, que demostró la importancia vital de la comunicación»[1] y de los gestos de ternura.

Un monje budista convertido al cristianismo narra la ausencia de afecto que marcó su infancia en el Tíbet:

Jamás oí a mis padres decirse que se amaban, nunca les vi mostrarse el menor afecto. En nuestra cultura tibetana, las palabras y las manifestaciones físicas de amor se consideran vergonzosas. Por tanto, yo pasé toda mi infancia sin escuchar las palabras «te quiero». Pero nuestra familia no era rara. No creo que hubiera en todo mi pueblo un niño que hubiera escuchado la

---

[1] https://www.lesaviezvous.net/histoire/lhorrible-experience-de-frederic-ii-de-hohenstaufen-sur-les-bebes.html (31 de diciembre de 2013).

palabra «amor». En cierto modo, yo entendía el concepto de amor. Sabía lo que significaba. Pero nunca lo experimenté realmente[2].

Sin embargo, cuando no podemos tocarnos, hay mil maneras de dar testimonio de la ternura, a través de la sonrisa, de la mirada, de un «beso de los ojos», según las palabras del gran Marcel Proust hablando de su abuela:

> Tenía un corazón tan humilde y tan dulce que su ternura hacia los demás y la poca importancia que se daba a sí misma y a sus sufrimientos se armonizaban en su mirada, en una sonrisa en la que, contrariamente a lo que se observa en tantos rostros humanos, no albergaba ninguna ironía más que para sí misma, y era para nosotros como un beso de sus ojos, incapaces de mirar a quienes tanto quería sin acariciarles apasionadamente con su mirada[3].

---

[2] T. Lahkpa-E. Bach, *De Bouddha à Jésus. La conversion d'un moine tibétain,* EdB, París 2022.
[3] M. Proust, *Du coté de chez Swann,* «Combray», 1919 (ed. esp.: *Por el camino de Swann,* primera parte: *Combray,* Alianza, Madrid 2022).

CAPÍTULO 5

La ternura en la vida profesional

El mundo laboral suele describirse como un universo de ambiciones, de competitividad, donde reina la ley de la selva; y muchas veces es así. Pero se observa un deseo cada vez mayor de integrar la humanidad en la empresa.

Sin embargo, en muchas ocasiones nuestro lugar de trabajo no es, como habíamos pensado, un lugar alegre, de complicidad, de amistad, de amabilidad. El tiempo que pasamos en el trabajo representa, aproximadamente, un tercio de nuestra semana, ¿cómo aguantar si somos desgraciados? Esperamos el viernes por la tarde como si la vida de verdad no ocupara más que dos días por semana en nuestra agenda. Una lástima, ¡porque podríamos cambiar las cosas! Si hacemos de nuestra pasión o de nuestra vocación nuestro trabajo, parafraseando a Stendhal[1],

---

[1] «Vocación es tener como oficio nuestra pasión».

hallaríamos valor y motivación; pero siempre podemos, a la inversa, tratar de hacer de nuestro trabajo nuestra vocación, de optar por él en lugar de sufrirlo y de poner en él todo nuestro corazón, nuestras fuerzas, nuestro afecto, nuestra ternura y nuestra alegría.

> Para realizar la justicia social en las diversas partes del mundo, en los distintos países, y en las relaciones entre ellos, son siempre necesarios nuevos movimientos *de solidaridad de* los hombres del trabajo y *de solidaridad con* los hombres del trabajo[2].

Necesidad de estímulo

La crítica es constructiva, pero también puede desalentar. Quien emprende una obra, ya sea el dibujo de un niño o una catedral, necesita apoyo, estímulo, felicitaciones y entusiasmo.

El trabajo es indisociable del derecho a equivocarse. Cuando mis hijos eran pequeños y rompían un plato al poner la mesa, jamás los regañé; les decía que quien nada hace, nada rompe, pero quien actúa se arriesga a romper algo o a equivocarse.

¿Alentamos lo suficiente a nuestros hijos, a nuestros compañeros de trabajo, a nuestros empleados? ¿Vemos todas las cosas buenas que hacen, sus

---

[2] San Juan Pablo II, Carta encíclica *Laborem exercens* sobre el trabajo humano (1981), n. 8.

iniciativas, sus esfuerzos, sus logros? Si aún no han alcanzado la perfección, ¿qué importancia tiene? El camino suele ser mucho más bonito que la meta, y a veces obtenemos una mayor satisfacción por la energía que hemos dedicado a hacer algo, por el espíritu de equipo y de emulación, por la alegría del reto, que por el resultado obtenido.

De «muy bien» a «gracias» no hay más que un paso; no olvidemos darlo para dar las gracias a todos los que trabajan para nosotros o con nosotros. Tomémonos un tiempo para decir una palabra amable, gratuitamente, con alegría y ternura, al repartidor cargado de regalos de Navidad, al enfermero que hace una extracción de sangre tras otra, al personal de limpieza que nos cruzamos en el pasillo. Gracias a todos los que, con su trabajo discreto y a menudo ingrato, hacen que el mundo sea más hermoso, más limpio, más fraterno, más acogedor, más sano... ¡y más santo!

Fijémonos los unos en los otros para estimularnos a la caridad y a las buenas obras (Heb 10,24).

Necesidad de dignidad

Observemos nuestro trabajo, nuestra vocación o nuestra profesión con orgullo, sea cual sea nuestro grado de satisfacción: estamos cambiando el mundo; estamos cubriendo las necesidades de nuestra familia; permitimos que otras personas cubran las necesidades de sus familias; aportamos belleza; acudimos en ayuda de personas con problemas; curamos, escuchamos, consolamos; permitimos que la gente pueda cobijarse, alimentarse, vestirse, desplazarse, informarse, reflexionar, aprender, reír, pararse, descansar...

Hormiga o cigarra, dirigente o último escalón, somos al mismo tiempo los «siervos inútiles» de los que habla Jesús y los eslabones valiosos e irreemplazables en la gran cadena de la humanidad, porque cada uno de nosotros es único entre miles.

Cambiemos nuestra mirada sobre nuestro trabajo, démosle un valor añadido de ternura, de amabilidad y de compasión. Hagamos como si el futuro del mundo dependiera de nosotros, de ese gesto que hacemos, de esa palabra que pronunciamos, de esa sonrisa que ofrecemos... porque puede que sea así.

CAPÍTULO 6

Primer freno: el miedo

Hay tres actitudes ancestrales frente al miedo y el peligro:

- La huida, como hacen la gacela o la liebre: nos echamos cuerpo a tierra, nos desviamos de la conversación, evitamos personas o lugares, hacemos como si todo fuera bien.
- El ataque, como hacen el lobo, el oso y el jabalí: respondemos con agresividad, tratamos de vengarnos, culpamos a la otra persona, maldecimos.
- La paralización, como hace el avestruz: no conseguimos reaccionar ni tomar una decisión.

En la negación, dejamos que la situación se degrade, nos quedamos bajo el control de la otra persona.

El miedo nos aleja de la ternura, pues socava los cimientos de la confianza. Nos inmoviliza, nos tensa. Conduce a la desconfianza y frena el impulso de la vida.

La vigilancia

El miedo nos aleja de todos los sentimientos y es una reacción necesaria en un contexto de supervivencia: necesitamos toda nuestra perspicacia para actuar. Si nuestro hijo cruza la carretera sin mirar, lo cogemos bruscamente para tirar de él hacia atrás antes de que un coche lo esquive por poco, y después le gritamos, temblando, porque la emoción nos invade; en un tercer momento lo abrazamos y le cubrimos de besos diciéndole que no nos dé jamás un susto como ese. Pero en el instante hemos de permanecer fríos, calculadores, instintivos.

Mi marido, en su profesión, utiliza mucho el eneagrama[1] como herramienta para conocerse a sí mismo y a los demás; en él las personalidades se agrupan en tres grandes categorías en función del centro que escojamos como preferente: el centro mental (la cabeza, la reflexión), el centro emocional (el corazón, los sentimientos), el centro instintivo (el

---

[1] F. HAUMONTÉ, *Réenchanter sa vie grâce au coaching*, Arsis, París 2007; *L'ennéagramme, outil de leadership; pour mieux se connaître et mieux comprendre les autres*, EMS, Caen 2018.

cuerpo, la acción). Un día me dio el siguiente consejo: en una catástrofe (temblor de tierra, atentado, revolución...) siempre hay que seguir el instinto, porque él sabrá de entrada lo que es mejor hacer.

El personaje de Sarah Connor, en la película *Terminator 2. El juicio final* (1991), siente un profundo miedo al ver la destrucción del mundo; se prepara para el regreso de Terminator, el androide asesino enviado desde el futuro para acabar con su hijo John, a quien ella trata de defender por todos los medios para la salvación de toda la humanidad. Para lograr su objetivo, se transforma en una máquina de guerra, alejándose de toda sensibilidad, y es curiosamente de un robot –interpretado con músculos y humor por Arnold Schwarzenegger– de quien el niño va a recibir la ternura de la que ha sido privado. Esto llega hasta el mayor sacrificio de todos: «Nadie tiene amor más grande que el que da la vida por sus amigos» (Jn 15,13). El mensaje que transmite es que salvar a la humanidad sin conservar el amor y la ternura no tiene sentido.

La vigilancia nos ayuda a mantener «la cabeza fría» para poder hacer buenas acciones –de ahí que los cirujanos casi nunca operen a sus seres queridos–, pero es la ternura la que impulsa a una madre, a un padre, a precipitarse en un incendio para sacar a su hijo de ahí, a levantar un coche para quitarlo del camino, a protegerlo con su cuerpo ante un agresor: «Si me buscáis a mí, dejad marchar a estos» (Jn 18,8).

El verdadero valor

El verdadero valor, suele decirse, no es no tener miedo, sino superarlo. Hemos visto la magnífica foto, reproducida en revistas cristianas, de la religiosa birmana sor Ann, de rodillas, con los brazos abiertos, entre los policías y los manifestantes para evitar un baño de sangre, y esos policías, con máscaras y cascos que, como respuesta, caen de rodillas ellos también, con las manos juntas.

Chögyam Trungpa, en su libro *Shambhala. La senda sagrada del guerrero*[2], asocia la ternura al valor:

El verdadero valor es producto de la ternura. Proviene de dejar que el mundo roce ligeramente nuestro corazón, nuestro corazón tan bello y tan desnudo. Estamos dispuestos a abrirnos, sin resistencia ni timidez, para hacer frente al mundo. Estamos dispuestos a compartir nuestro corazón con los demás[3].

El valor puede adoptar diferentes formas. Lo vemos en dos Papas que vieron claramente cómo se iban deteriorando sus capacidades: Juan Pablo II mantuvo el gobierno hasta el final, hasta su muerte, dando al mundo el testimonio de su extrema debi-

---

[2] C. Trungpa, *Shambhala. La voie sacrée du guerrier,* Seuil, París 1990 (trad. esp.: *Shambhala. La senda sagrada del guerrero,* Kairós, Barcelona 1986).
[3] *Ib,* 53 (traducción del francés).

lidad, de ese despojamiento radical que provoca la enfermedad pero que no reduce el valor de la vida; Benedicto XVI, unos años más tarde, tomaría la decisión contraria al renunciar voluntariamente a sus funciones para retirarse con humildad a una vida de oración y contemplación.

Son dos formas de valor que nos enseñan que la llamada del Espíritu lleva a cada cual por el camino que le conviene. Para uno el valor será hablar y, para otro, callar; uno se verá impulsado a actuar y, el otro, a esperar en oración; uno decidirá marchar y, el otro, quedarse.

El valor y la superación de uno mismo es ir más allá de lo razonable, franquear nuestros límites, expandir las fronteras todo lo posible para lograr algo bueno. Hacia la sociedad es un gesto único, una hazaña heroica, un acto de valor, como el del coronel Arnaud Beltrame en marzo de 2018, que se intercambió por un rehén y perdió su vida. En el fresco que se erigió en su honor podemos leer: «Estemos orgullosos de su valor y no olvidemos su sacrificio».

El valor de los santos, por su parte, se inscribe en la vigencia, en una constante superación personal: como Carlos de Foucauld en el desierto, viviendo con los tuaregs y hablando su lengua; como santa Teresa de Jesús, siempre en camino, a pesar de su precario estado de salud, yendo de fundación en fundación para sembrar conventos como si fueran oasis; como santa Teresa de Lisieux, que caminó por un misionero y escogió la espina «por amor»; como san Tarsicio, que llevaba las hostias consagradas, el pan de vida, a los condenados a muerte. Como cada cristiano cuando sufre vejaciones o un desprecio burlón por parte de sus compañeros a causa de su fe; como ese niño al que sus amigos han apodado «el curita» porque da testimonio de su amor por Jesús; como ese sacerdote anciano que se apresura por las mañanas, a pesar de su viejo cuerpo dolorido, para estar a tiempo en la misa que va a celebrar ante seis fieles parroquianos; como esa religiosa centenaria que dedica a Jesús elevado en el altar la mirada de una adolescente enamorada.

Espíritu Santo, Espíritu de fuego y fortaleza, ven a expulsar mis miedos, rodea todo mi ser con un amor que agota mis resistencias y mis buenas razones para no moverme. Espíritu de ternura, haz de mí un testigo de la fe y un apóstol de la misericordia. Abre mis labios para que cante durante toda mi vida las alabanzas al Señor.

CAPÍTULO 7

Segundo freno: el endurecimiento del corazón

Cuando Moisés trata de negociar con el Faraón una solución pacífica para que el pueblo hebreo salga de Egipto, se dice en cuatro ocasiones que el corazón del soberano se endureció: «Sin embargo, el corazón del Faraón se endureció y no les hizo caso»[1].

Nosotros también sentimos este punto de inflexión en el que todo es posible, en el que dudamos entre la violencia y la ternura; de pronto, unas razones equivocadas −el orgullo herido, el rencor, el sufrimiento, la sensación de haber sido rechazados o de no haber sido comprendidos− nos hacen optar por la violencia; nos obstinamos, nos empecinamos, hacemos insensible nuestro corazón, nos endurecemos.

---

[1] Éxodo 7,13; 8,11; 8,28. La traducción literal dice: «El Señor endureció el corazón del Faraón», pero no es Dios quien impulsa al mal, por supuesto. La traducción litúrgica dice: «El Faraón persistió en su obstinación», y la versión de Louis Segond: «El Faraón insensibilizó su corazón». (Louis Segond es un teólogo suizo que tradujo la Biblia al francés en el s. XIX desde los textos hebreos y griego [N. de la T.]).

La inaceptable violencia

¿Cómo es posible que la cualidad de la fuerza, de la fortaleza[2], que la Iglesia ha erigido en virtud, y que tan bien se alía con la ternura, pueda degenerar en el terrible rostro de la violencia? Por ejemplo, la lucha contra la violencia conyugal no debería ir acompañada de ninguna ideología: es inaceptable, y ya está. El maltrato debe rechazarse en todas sus formas, pero quizá a veces tengamos la impresión de que un oso panda está mejor protegido que algunas mujeres. Solo un 17% de quienes agreden a su pareja son condenados, reconoció en 2020 la Comisión de Igualdad entre hombres y mujeres[3].

Crímenes de menores[4], arreglo de cuentas, secuestros, violencia sexual, maltrato, crueldad con los animales, vandalismo... la violencia hacia las personas, los animales y las cosas nos tiene atrapados día y noche como en un yugo, que se extiende por todos los medios de comunicación y nos aferra por el cuello. Estamos angustiados por nosotros mismos, por nuestros seres queridos, por nuestros hijos, por

---

[2] La fortaleza es una de las cuatro virtudes cardinales, junto con la prudencia, la templanza y la justicia (cf *Catecismo de la Iglesia católica*, n. 1805).

[3] HAUT CONSEIL À L'ÉGALITÉ ENTRE LES HOMMES ET LES FEMMES (HCE), «Pour une protection réelle des femmes victimes de violences conjugales: quatre leviers essentiels» (3 de junio de 2020), en www.haut-conseil-egalite.gouv.fr.

[4] Un ejemplo entre muchos otros: el asesino de Marjorie, de 17 años, asesinada por apuñalamiento una tarde en Ivry-sur-Seine el 18 de mayo de 2021, solo tenía 14 años.

nuestros familiares ancianos. La seguridad parece haber abandonado nuestras sociedades modernas.

Una respuesta de amor sincero

La oposición a la violencia deriva en primer lugar de la ley, de las fuerzas públicas: es toda la comunidad la que se opone al crimen, para castigarlo y tratar de prevenirlo. Pero reprimir los actos sin transformar los corazones no resolverá los problemas.

Si queremos que las cosas cambien permanente y profundamente, la única respuesta válida a la violencia es la ternura, la mansedumbre, la generosidad de un corazón colmado de amor. Recuerdo la estresante escena de la película *Mala hierba*[5] en la que el educador Waël se deja golpear por el policía corrupto para así confundirle y salvar al joven al que tiene bajo su control por un chantaje. «No hay amor más grande...»: siempre recordamos esta actitud, y es normal, porque Jesús nos enseña que es la manera más grandiosa y hermosa de salvar a aquellos a quienes amamos.

Cuando nos invade —o a nuestro interlocutor— esa oleada de violencia verbal o física y sentimos que vamos a perder el control, podemos invocar la ayuda de la Virgen María, Madre de Ternura, que

---

[5] Película de 2018 dirigida y protagonizada por Kheiron.

nos enseña a guardar las cosas en nuestro corazón para meditarlas y tomar distancia. También podemos recitar la siguiente oración para refugiarnos en el corazón de Jesús:

Oh, inmensa Ternura de Dios,
llena el interior de mi corazón;
Amor, crece en mí,
haz todo lo que quieras[6].

La ternura del Espíritu Santo, como agua clara, impregnará nuestros corazones de piedra para ablandarlos:

Os daré un corazón nuevo, y os infundiré un espíritu nuevo; arrancaré de vuestra carne el corazón de piedra, y os daré un corazón de carne (Ez 36,26).

En la película *Maléfica,* de los estudios Disney (2014), un *spin off* derivado del cuento de *La Bella durmiente del bosque,* la joven princesa Aurora es sacada de su sueño mortal no por el «beso de amor verdadero» del príncipe, sino por el que le da Maléfica, que la había amado toda la vida, a pesar de que siempre lo había negado, y que la llamaba «fea», pero que fue dejando que ocupara todo su corazón, verdaderamente maternal.

---

[6] *Oración al Corazón de Jesús,* de san Hermann Joseph, místico alemán de la Edad media.

En la literatura y el cine encontramos numerosas versiones de estos personajes malhumorados, de corazón endurecido, que se protegen de la ternura y que acaban dejando que esta se abra paso, como un manantial que renace. Citemos, por ejemplo, para mayores y pequeños: Bestia en el cuento *La bella y la bestia,* de Madame Le Prince de Beaumont (1756); el atracador Jean Lucas, interpretado por Gérard Depardieu en la película *Los fugitivos* (1986); el anciano Carl Fredricksen en la película de dibujos animados *Up* (2009); Julien, el personaje huraño y misántropo interpretado por Michel Serrault en *La mariposa* (2002); el super villano Gru en *Gru, mi villano favorito* (2010)... y, por supuesto, el mamut Many en *La edad del hielo* (2002).

Una insidiosa forma de violencia: la mentira

Si la violencia constituye un obstáculo para la ternura, ¿qué decir de la mentira, una forma particularmente perniciosa de violencia? Descubrir una mentira supone siempre un golpe. Además, la mentira es el eje vertebrador de la gran mayoría de escenarios de películas o de intrigas de novelas, y es causa de muchas discusiones.

Mentir –por medio de palabras falsas o por ocultamiento– es siempre traicionar. «He edificado mi vida sobre un engaño, sobre arena», confiesan las víctimas.

La verdad puede hacer daño, pero entendemos que la mentira siempre hace mucho más daño que una revelación dolorosa que acabará por saberse tarde o temprano. Porque la mentira nos aprisiona en sus redes, y nos vamos enredando cada vez más en ella hasta caer en nuestra propia trampa. ¿Ocultar la gravedad de nuestro estado de salud para no preocupar a nuestros familiares y amigos? Con ello les estamos privando de ese tiempo con nosotros que les habría gustado vivir de otra manera, ese tiempo que se ha perdido para ellos cuando podrían haber saboreado cada instante como un regalo, pronunciar esas palabras de amor que nunca decimos porque creemos tener todo el tiempo del mundo para pronunciarlas. ¿Disimular un error, una insensatez, un pecado? El otro devanará el hilo de sus recuerdos como un gran engaño, como una farsa: «Cuando hicimos ese viaje, cuando me hiciste aquel regalo, cuando me decías que todo iba bien, y en realidad todo era falso, ¡todo era un desastre, lo arruinaste todo!».

Cuanto más vieja sea la mentira, más largo y difícil será el camino de la aceptación y del perdón para que la ternura pueda de nuevo florecer en los huecos de la confianza restablecida. «La verdad os hará libres», nos dice Jesús (Jn 8,32).

Tengamos el valor de la verdad, que es la única que edifica, aunque sea entre lágrimas.

Concédeme, Señor, la vida que no conoce ya la muerte, la alegría de quien ya no padece ningún dolor, allí donde reinan la soberana libertad, la libre seguridad, el seguro sosiego, la sosegada felicidad, la feliz eternidad, la eterna beatitud, la visión y la alabanza de la verdad: Dios[7].

---

[7] Oración de santo Tomás de Aquino, «Dios de todo consuelo».

CAPÍTULO 8

Tercer freno: el orgullo

«¡El orgullo, el eterno orgullo, la necesidad de brillar y de asombrar al mundo con méritos de los que carecemos!», escribía el poeta Georges Courteline. Nada nos aleja tanto de los demás como el orgullo. Es un veneno que se infiltra en nuestros pensamientos, en nuestras palabras, en nuestros gestos. Levanta muros a nuestro alrededor porque creemos ser superiores a los demás, tener siempre razón, estar en lo cierto sin que jamás se nos cuestione. Elude el encuentro, pervierte la sinceridad, menoscaba el cariño. Al creerse invencible, rechaza la ternura, que nos hace vulnerables.

¡Sé fuerte!

Recuerdo que cuando mi madre o mi tía le hacían un cumplido a mi abuela diciéndole que era muy guapa, mi abuela no les hacía caso, y se ponía a refunfuñar y se encogía de hombros... ¡Esas cosas no se decían! Tampoco sabía mostrar ternura. Cuando nos íbamos de su casa el domingo por la noche, me regañaba por no haberme despedido de ella; y esto me hacía daño, porque pensaba que me consideraba una ingrata, pero al fin acabé comprendiendo que se trataba de una estratagema para que le diéramos otro beso, mi hermano y yo. En su concepción del mundo, las palabras «dame un beso» o «dame un abrazo», sencillamente, no se pronunciaban, ella no tenía tiempo para esas «bobadas». Mi abuela había vivido dos guerras, la emigración, la detención de su marido, a quien ella había ayudado a escapar de la *Kommandatur,* y muchos cambios de residencia; y tuvo que mostrarse siempre fuerte e inquebrantable.

En la familia y en nuestra profesión no solíamos tener derecho a mostrarnos débiles. La vulnerabilidad estaba desterrada de este mundo de *winners* en el que nuestro valor dependía de nuestros logros.

Lo que construimos, lo que conseguimos, viene a reforzar nuestra sensación de que no necesitamos a nadie para arreglárnoslas solos o de que solo podemos contar con nosotros mismos.

El toque de delicadeza

Humildad, humillación: tengo algunos dolorosos recuerdos de humillaciones que la niña tímida y demasiado sensible que era yo sintió en toda su crueldad. «Hacen falta muchas humillaciones para conseguir un poco de humildad», solíamos decir durante nuestra exigente juventud, retomando las palabras de santa Bernardita de Lourdes. Todos esos arañazos en nuestro orgullo, esas pequeñas heridas del amor propio, son muy beneficiosas si las aceptamos con humor y con amor.

Pero la verdadera humillación es un mordisco profundo, un golpe punzante que nos lacera cuando menos nos lo esperamos. Alcanza lo más profundo de nuestra intimidad, de nuestra legitimidad para vivir. Nos espeta: «No eres digna de vivir, no tienes cabida entre nosotros, no tienes nada que hacer en este mundo». Y lanza palabras letales: «Eres patética», «Eres una gorda», «Sucia negra», «Pobretona»... que nos apuñalan. Habrá quienes encuentren aquí la fuerza del combate para toda su vida; otros harán borrón y cuenta nueva y pasarán la vida disculpándose por todo, como usurpadores de una vida que jamás habrían debido recibir. En la película *The Wall*[8], vemos que cada golpe duro, cada humillación, cada traición es un ladrillo con el que el protagonista va a construir un muro para protegerse, pero se va a encontrar encerrado tras él hasta casi volverse loco.

¡Necesitará ternura, delicadeza, para franquear esas murallas! Las palabras tiernas de los padres, de

---

[8] Película musical de Alan Parker, de 1982, con música de Pink Floyd de 1979. *All in all, you're just another brick in the wall*, «Al final no eres más que otro ladrillo en el muro» (canción «Another brick in the wall»).

los hermanos y hermanas, de un compañero, no siempre bastarán. Será necesario que una voz procedente de más lejos, de más profundo, nos susurre en el corazón: «Quiero que vivas» (Ez 16,6).

Algunas heridas, algunos corazones, solo se abordan con un toque ligero como una pluma, con el roce de unos pétalos. La delicadeza es ese acercamiento con dulzura y ternura que se tiñe de respeto, en una lenta familiarización, domesticación.

Hay que ser muy paciente –respondió el zorro–. Te sentarás al principio un poco lejos de mí, así, en la hierba. Te miraré de reojo y no dirás nada. La palabra es fuente de malentendidos. Pero, cada día, podrás sentarte un poco más cerca [...]. Hubiese sido mejor venir a la misma hora –dijo el zorro–. Si vienes, por ejemplo, a las cuatro de la tarde, comenzaré a ser feliz desde las tres. Cuanto más avance la hora, más feliz me sentiré. A las cuatro me sentiré agitado e inquieto; ¡descubriré el precio de la felicidad![9].

---

[9] A. DE SAINT-EXUPÉRY, *Le Petit Prince,* ed. Reynal & Hitchcock 1943 (trad. esp.: *El Principito,* Salamandra, Madrid 2021, capítulo 21).

CAPÍTULO 9

María, Madre de Ternura

San Carlos de Foucauld contempla la actitud de la Virgen María ante Jesús recién nacido:

> ¡Cómo lo miráis! ¡Cuánto amor, cuánta adoración, en vuestros ojos y en vuestros corazones! [...] ¡Vuestro infinito respeto y vuestra adoración no os impiden acariciarlo! Al contrario, sentís que este divino Niño no debe estar más desprovisto de caricias, de ternuras, que los niños normales... Él debe recibir mil veces más que ningún otro niño. Y, así, le colmáis de ellas los dos[1].

Incluso la Biblia toma como comparación el amor –imperfecto– de una madre para describir el amor perfecto de Dios:

> ¿Puede una madre olvidar al niño que amamanta, no tener compasión del hijo de sus entrañas?

---

[1] *Nouveaux écrits spirituels,* Nazaret, 1897.

Pues, aunque ella se olvidara, yo no te olvidaré (Is 49,15-16)[2].

Hay un lugar donde la miseria y la ternura se codean diariamente: en Lourdes. Recuerdo el «tren de los enfermos», que se detenía en Nancy y movilizaba a toda la ciudad; al menos ese es el recuerdo que tengo. Mi abuela soñaba con llevarme a Lourdes, pero yo me negaba, asustada. Me imaginaba esa amalgama de sufrimientos procedentes del mundo entero, cuerpos enfermos, corazones rotos, espíritus suplicantes, y todo eso era demasiado para la niña sensible que era yo. No fui por primera vez hasta 1992.

En ningún otro lugar como en ese encontré tanta esperanza, tanta ternura, tanta confianza e incluso, sí, me atrevo a decirlo, tanta alegría. El corazón se derrumba al ver las camillas, las sillas de ruedas, los enfermos y heridos de todas las edades y de todas las condiciones, pero cuando los miras a los ojos son ellos los que te sonríen. Son ellos los que aplican el bálsamo de su ternura sobre la vergüenza de tu buena salud. Ante su debilidad, aceptamos sentirnos débiles, enfermos, heridos. No, en Lourdes no hay personas sanas, solo hay niños afectados en su

---

[2] Traducción TOB; a no ser que se indique lo contrario, utilizamos la traducción litúrgica de la AELF (Association Épiscopale Liturgique pour les pays francophones [Asociación Episcopal Litúrgica para países fracófonos]). En la traducción al español utilizamos el texto oficial de la Biblia de la Conferencia Episcopal Española. [N. de la T.]

cuerpo y en su corazón que van a buscar el consuelo de una madre.

Miró los coches carruajes que se agolpaban ante la gruta y a los tullidos: unos cerraban los ojos como si ya estuvieran muertos, otros tendían hacia la Mediadora sus brazos, demacrados y suplicantes. La Virgen, que había sufrido más en este mundo por la pasión de su Hijo que todos ellos juntos, los miró con infinito amor y, a falta del milagro que muchos sin duda imploraban, dejó que la paz cayera sobre ellos. Y las más bellas de estas almas imploraron así:

—No me cures. Déjame sufrir con Jesús crucificado[3].

Jesús no guardó nada para sí, él tenía la más maravillosa de las madres ¡y nos la dio! Podemos confiar en María, que nos guiará hacia el corazón de su Hijo. Sea cual sea el juicio de la Iglesia sobre las apariciones de Medjugorje, hemos de reconocer que es un lugar de gracias y de consuelo. Quizá María no se apareció realmente allí, pero está presente e intercede por nosotros como en cualquier otro lugar donde los fieles le rezan con confianza. Personalmente, si me enterase de que nada fue verdad, no cambiaría nada mi amor por Medjugorje, porque, aunque este lugar

---

[3] F. JAMMES, *Le Pèlerin de Lourdes,* Gallimard, París 1936. En julio de 1905 el poeta Francis Jammes se convirtió en Lourdes, donde lo había llevado su amigo Paul Claudel.

no estuviera bendecido desde el principio, ahora ya lo está, gracias a la fe de miles de peregrinos que son –por su esperanza, sus frutos de conversión y la práctica de los sacramentos– los auténticos videntes del corazón.

Cito –y, repito, me someto al juicio de la Iglesia cuando se pronuncie oficialmente sobre ello– estas palabras que me llenaron de júbilo:

¡Aquella tarde nuestra Señora tenía tal alegría en sus ojos, en sus labios, en su expresión! ¡Cuánta ternura! El velo que le cubría la cabeza era tan regio, tan hermoso: ¡cuánta dignidad! ¡Y cuánta dulzura! No hay palabras que puedan describirla. No podremos jamás olvidar su presencia en medio de nosotros[4].

María está presente en los momentos de alegría, como en las Bodas de Caná, y en las horas de la prueba, como en el Camino de la cruz, y, sobre todo, estará presente en el momento de la gran transición. Morir es el momento de mayor soledad, pero podemos estar seguros de que María vendrá a tomarnos de la mano, como una madre que se pone en camino para cruzar el país si su hijo la necesita. No podemos pensar en nuestra muerte sin quedar sumidos en un tsunami de angustia, pero imagi-

---

[4] Entrevista concedida por la vidente Marija a Radio María tras la aparición del 25 de junio de 2021 en ocasión del 40º aniversario de las apariciones en Medjugorje.

nemos tan solo la sonrisa de María, que está en la puerta para ayudarnos a franquearla.

> En la frente sudorosa, su beso arde con la fiebre del amor. En la mano apretada, la suya es suave. Un bálsamo de paz en un cuerpo tembloroso. En el corazón que tiembla, cálida es su ternura. ¡Misericordiosa ternura! ¡Sosegadora ternura! Sí, ella estará allí. Lo sé. Y no quiero tener miedo[5].

Revestirse de ternura

Veo esos pequeños jerseicitos de mis hijos que mi madre y mi abuela tejieron con tanta alegría. Vuelvo a ver las agujas de punto, tan ágiles entre sus manos, la lana suave que se devana y las lenguas que se sueltan, momento propicio para las confidencias, cuando pensamos, soñadoras, en el bebé que pronto va a nacer. La dulzura, el calor, la suavidad… es asombroso darse cuenta de hasta qué punto el vestido simboliza la ternura: desde el ajuar de la joven casada hasta la canastilla tejida durante los meses de espera. Después de que se pasara la moda de dejar a los bebés desnudos como si estuviesen en el vientre materno, los pediatras insisten ahora en la necesidad de envolver al recién nacido: en la vida intrauterina,

---

[5] P. Daniel-Ange, *Ô gloire filiale. Le chant royal*, tomo 3, Saint-Paul, París 2019.

el bebé no «flota», sino que está siempre en contacto con la placenta, apoyado en las paredes de su acogedor nido, que crece con él, rodeado de calor. De ahí la invitación a que los padres, durante los primeros días de vida del bebé, lo envuelvan bien, le den el baño envuelto, sin desnudarlo del todo, sino cubriendo sus zonas desnudas con un pañal mientras se lavan las ropas sucias. En esta crisálida, el niño se siente tranquilo y relajado.

Entre los personajes de la Biblia encontramos a Ana, que desespera por no poder tener hijos, y que sufre la vergüenza y las burlas de la otra mujer de su marido, hasta que da a luz a un hijo al que llama Samuel, que quiere decir: «Dios escucha». Como testimonio de su agradecimiento, ella confía su hijo al sacerdote Elías, para que crezca en el santuario del Señor; se convertirá en el gran profeta Samuel, que vivirá junto al rey David.

Una vez al año, Ana acude a ver a su hijo, con ocasión de la peregrinación anual al santuario:

Su madre le hacía cada año una túnica pequeña y se la llevaba cuando subía con su esposo a ofrecer el sacrificio anual (1Sam 2,19).

La imaginamos tejiendo esa pequeña túnica, y volcando en ella toda su ternura y su valentía de madre, pues tuvo la fuerza de separarse de ese hijo tan deseado para darle la mejor vida posible.

También con una túnica el padre de la parábola hace que vistan a su hijo perdido y encontrado, símbolo de la alegría del padre y del renacimiento del hijo:

Sacad enseguida la mejor túnica y vestídsela [...] porque este hijo mío estaba muerto y ha revivido; estaba perdido y lo hemos encontrado (Lc 15,22.24).

Señal de estima y de respeto, la túnica puede suscitar también celos, como les ocurrió a los hermanos de José, el preferido de su padre Jacob: «Le hizo una túnica con mangas», de gran valor (Gén 37,3).

Cuando José cae entre sus manos, en el desierto, lo primero que hacen es desvestirle: «Cuando llegó José al lugar donde estaban sus hermanos, lo sujetaron, le quitaron la túnica, la túnica con mangas que llevaba puesta» (Gén 37,23).

Este gesto nos recuerda la décima estación del Vía crucis: «Jesús es despojado de sus ropas». Nos imaginamos el estremecimiento de María cuando vio a su Hijo desnudado ante la mirada de todos, vulnerable y expuesto tal como estaba el día que nació, cuando ella lo envolvió tiernamente y lo meció entre sus brazos. La túnica que ella había tejido con tanto amor había caído en manos de los soldados:

Los soldados, cuando crucificaron a Jesús, cogieron su ropa, haciendo cuatro partes, una para cada soldado, y apartaron la túnica. Era una túnica sin costura, tejida toda de una pieza de arriba abajo. Y se dijeron: «No la rasguemos, sino echémosla a suerte, a ver a quién le toca». Así se cumplió la Escritura: «Se repartieron mis ropas y echaron a suerte mi túnica» (Jn 19,23-24).

Ternura de una madre, símbolo de la ternura de Dios

La lactancia en público, ¿es un gesto natural o impúdico? El debate arde en las redes sociales. Sin embargo, las mujeres dan el pecho desde el alba de los tiempos, pero a veces, cuando un tema se convierte en el punto de mira de Internet, hay un enfrentamiento entre los detractores y los defensores, con todos los excesos posibles.

Inesperadamente, el papa Francisco aportó su voz a este debate cuando durante una audiencia del miércoles, vio a una madre amamantando a su bebé:

Mientras leían los lectores el pasaje evangélico, me ha llamado la atención ese niño o niña que lloraba. Yo veía a la madre que le acunaba y le amamantaba y he pensado: «así hace Dios con nosotros, como esa madre». Con cuánta ternura trataba de mover al niño, de amamantarle. Son imágenes bellísimas. Y cuando en la iglesia sucede esto, cuando un niño llora, se sabe que ahí está la ternura de una madre, como hoy, está la ternura de una madre que es el símbolo de la ternura de Dios con nosotros. No mandéis nunca callar a un niño que llora en la iglesia, nunca, porque es la voz que atrae la ternura de Dios. Gracias por tu testimonio[6].

El Señor se le apareció de lejos: Con amor eterno te amé, por eso prolongué mi misericordia para contigo (Jer 31,3).

«¿Por qué nos ama Dios?», puede que os preguntéis. Nos ha creado «con sabiduría y por amor», nos dice la tradición, para que nosotros lo amemos en respuesta a su amor. Pero... ¡es demasiado tarde!, me diréis. Los hombres no lo aman; son ingratos, no agradecen este amor, viven su vida sin preocuparse por Él. Sin embargo, Él lo ha dado todo: ha enviado testigos, luego profetas y, por último, a su propio Hijo[7]. Lo apresaron y lo crucificaron, como para acallar mejor ese insoportable mensaje de amor. Afortunadamente, ¡no pudieron acallar al Verbo! Su palabra de amor, su Evangelio, su «buena noticia», se difundió hasta los confines de la tierra, llegando a personas de todas las edades, de todos los estratos sociales, de todas las culturas. Dios encuentra su

---

[6] Papa Francisco, *Audiencia general,* 21 de octubre de 2020, Aula Pablo VI.
[7] Cf el evangelio de Mateo 21,37-38: «Por último, les mandó a su hijo diciéndose: "Tendrán respeto a mi hijo" [...]. "Venid, matémoslo"».

consuelo en el corazón de todos los que descubren su amor y lo acogen, pero sigue rodeando a todos los seres humanos con su ternura, con paciencia, con fidelidad, esperando que su mirada se cruce algún día con sus ojos llenos de amor posados sobre ellos.

Tal como nos dice el apóstol Pedro:

> El Señor no retrasa su promesa [de su llegada], como piensan algunos, sino que tiene paciencia con vosotros, porque no quiere que nadie se pierda, sino que todos accedan a la conversión (2Pe 3,9).

Dios es el Padre con el corazón de Madre que espera, sin perder la esperanza, a su hijo bienamado, escrutando el horizonte, aguardando al final del camino, buscando en la noche con sus ojos enrojecidos de tanto llorar. Como dijo un obispo a santa Mónica: «No es posible que el hijo de tantas lágrimas se pierda».

CAPÍTULO 10

Decidle: «Padre nuestro»

Mi alimento es hacer la voluntad del que me envió y llevar a término su obra (Jn 4,34).

Jesús utiliza precisamente este ejemplo del sustento que los padres garantizan a sus hijos para hablarnos del amor de su Padre:

¿Qué padre entre vosotros, si su hijo le pide un pez, le dará una serpiente en lugar del pez? ¿O si le pide un huevo, le dará un escorpión? Si vosotros, pues, que sois malos, sabéis dar cosas buenas a vuestros hijos, ¿cuánto más el Padre del cielo dará el Espíritu Santo a los que se lo piden? (Lc 11,11-13).

No nos confundamos: Jesús no nos está diciendo que somos inútiles como padres, ¡no! Nos enseña que los hombres, aunque sean pecadores e imperfectos y aunque se equivoquen, son capaces de lo mejor para sus hijos. Saben superarse para protegerlos, alimentarlos, sustentarlos. ¡Cuánto más nuestro Padre del cielo, que es perfecto y todopoderoso, nos ama con un amor perfecto y todopoderoso, con un amor incondicional que nos acompaña en cada segundo de nuestra vida!

Me gustaría que cada padre o madre de familia, cuando tenga dudas, cuando se inquiete, pueda hacer suya esta frase. Jesús parece estar diciendo a su Padre con admiración: estos humanos son realmente sorprendentes, capaces de lo peor cuando hacen caso a sus más bajos instintos, pero también capaces de prodigios por amor a sus hijos. Capaces de mover montañas, de recorrer kilómetros, de velar por las noches, de tener varios trabajos, de llamar a todas las puertas, de crear un fondo común para llevar a su hijo enfermo a un hospital al otro lado del mundo, de perforar la tierra, de escalar montañas... ¡capaces de lo mejor!

El respeto

> Como un padre siente ternura por sus hijos, siente el Señor ternura por los que lo temen[1] (Sal 103[102],13).

No hay ternura sin respeto, de lo contrario se deriva en la condescendencia: «Te doy la limosna de mi

---

[1] Observemos que el «temor del Señor» en la Biblia ¡no es miedo! Es el sentimiento de la grandeza de Dios, el asombro ante un misterio que nos supera, el respeto frente a lo sagrado.

cariño». El hombre ha recibido, como participación, la fuerza para trazar su camino en el mundo: desbrozar, construir, combatir para protegerse. Esta fuerza se convertirá en ternura gracias al respeto: respeto por la esposa, por los hijos, por el universo que nos rodea.

En el designio de Dios que descubrimos en las primeras líneas de la Biblia (libro del Génesis o *Bereshit,* «El comienzo»), el hombre no tiene poder sobre la mujer, no la tiene junto a él gracias a su propio esfuerzo: es un don de Dios. La mujer no se le entrega como una asistenta del hogar o una cocinera, ni siquiera como la madre de sus hijos, sino como una «ayuda», una igual, una como él, «que le ayude» (cf Gén 2,20).

Ciertamente, esta misión que Dios le confía a la mujer desde el comienzo del mundo y hasta el fin de los tiempos me conmueve: «Mira al pobre Adán, esta maravillosa criatura que he colocado a la cabeza de mi creación, pero que no está feliz, porque te está buscando. Ve hacia él. Te va a decepcionar, porque no estará a la altura de tus expectativas. No tengas en cuenta sus torpezas, su falta de intuición, y recuerda más bien el asombro de su primera mirada, de su grito de alegría. Tú y yo lo colmaremos, lo salvaremos». ¡La mujer está en misión para Dios en el mundo!

Para el hombre, «todo tiene su momento, y cada cosa su tiempo bajo el cielo: tiempo de nacer, tiempo de morir; tiempo de plantar, tiempo de arrancar; tiempo de matar, tiempo de sanar; tiempo de destruir, tiempo de construir [...]; tiempo de amar, tiempo de odiar; tiempo de guerra, tiempo de paz» (Qo 3,1-8)[2], un tiempo para orar y un tiempo para trabajar... El hombre es más monotarea, está secuenciado, vuelto hacia el exterior.

La mujer, por lo general más intuitiva, más interior, ora mientras trabaja, trabaja mientras ora: «Mientras estáis en la cocina, sabed que Dios está entre los pucheros», decía santa Teresa de Jesús. Ella piensa y actúa, aun a riesgo de dispersarse y de vivir en la superficie de sí misma, en una constante fragmentación.

Esta distinción es un poco caricaturesca, soy muy consciente de ello, y estos arquetipos han evolucionado en las últimas generaciones, pero nos indican grandes rasgos que es interesante tener en cuenta. El hombre tendrá que abrirse, mientras que la mujer tendrá que posarse, volver a centrarse. La mujer invita al hombre a levantarse y a descender de nuevo a la tierra.

En cuanto a los niños, no siempre es fácil encontrar ese justo medio del respeto entre la tiranía («Harás lo que yo te diga») y el laxismo («Haz lo que quieras»). El niño espera mucho de su padre: que sea un tutor, que sea un ejemplo a seguir, que sea un

---

[2] Puede leerse este hermoso texto completo en el libro del Eclesiastés (Qohélet) 3,1-15.

amigo, que sea una roca, que sea un baluarte, que sea un trampolín... Quizá queramos huir –y algunos lo hacen– ante tantas expectativas, pero recordemos que el niño es también un don de Dios que nos es confiado. Recibimos de Dios nuestra gracia de padres y educadores, es Dios quien nos da todo lo que necesitamos para ser los mejores padres posibles para nuestros hijos... ¡y lo somos!

Con el fin de vivir plenamente el respeto, el hombre está invitado a volverse hacia Dios: al reconocer la omnipotencia del amor de Dios, escapa a la trampa de creerse todopoderoso. Él no es el creador, es el guardián (Gén 1).

Modo de empleo de la santidad

> Bienaventurados los que lloran, porque ellos serán consolados. Bienaventurados los misericordiosos, porque ellos alcanzarán misericordia (Mt 5,5-7).

Sigamos a Jesús a la montaña que domina el lago de Tiberíades, brillando al sol; sentémonos sobre la hierba, con esas multitudes que se agolpan para escucharle y dejémonos conmover por la dignidad de su voz, la ternura que adivinamos al oírle hablar del modo de empleo de la santidad: las Bienaventuranzas. Está tan orgulloso de nosotros cuando actuamos como pobres de corazón, como afligidos, como mansos, como hambrientos y sedientos de justicia, como misericordiosos, como corazones puros, como artífices de la paz y, sobre todo, cuando aceptamos asumir riesgos e incluso ponernos en peligro por amor a su Nombre. Porque la verdadera ternura es exigente: no se conforma con una humanidad de segunda categoría.

Por tanto, sed perfectos, como vuestro Padre celestial es perfecto (Mt 5,48).

¡Sembremos la ternura en nuestras familias y recogeremos orgullo y dignidad! Sintámonos orgullosos de nuestros hijos y de nuestros padres, de su legado, de lo que nos han transmitido y que es importante para nosotros. Sintámonos orgullosos, sobre todo, de llevar el bello nombre de cristianos, de ser los hijos del Rey de los Cielos, de ser un príncipe, una princesa. ¿Cómo podría empañarse nuestro orgullo con los celos cuando hemos recibido tanto? No tenemos nada que envidiar a nadie: nuestro Padre del cielo nos da *todo* lo que necesitamos para vivir, para sonreír, para amar en la alegría y en la ternura.

Testigo me es Dios del amor entrañable con que os quiero, en Cristo Jesús (Flp 1,8).

El ejemplo de san José

Según el filósofo Fabrice Hadjadj, san José es un hermoso ejemplo que se propone a los padres de familia de hoy día por sus innumerables cualidades... ¡y también por haber «olvidado» a su hijo único en Jerusalén y no haberle ido a buscar hasta después de haber recorrido todo un día de camino![3]. Pero recordemos la huida a Egipto: Jerusalén es la ciudad de todos los peligros, la ciudad de Arquelao, hijo y sucesor de Herodes, la ciudad de quienes querían matar a Jesús en cuanto tuvieron noticia de su nacimiento. María no exagera cuando le dice a Jesús: «Tu padre y yo hemos sufrido mucho buscándote», o, según otra traducción: «Tu padre y yo te buscábamos angustiados».

A su angustia de padres ante la desaparición de su hijo se añaden las amenazas, muy reales, sobre la vida del niño si se enteraban de quién era. Y precisamente, por primera vez, se manifiesta como el Enviado de Dios al encontrarse en el Templo en medio de los doctores de la Ley, haciéndoles preguntas y dialogando con ellos: «Todos los que le oían quedaban asombrados de su talento y de las respuestas que daba».

Sin embargo, su hora todavía no había llegado, el paréntesis va a cerrarse en ese breve intermedio,

---

[3] Episodio del niño hallado en el Templo: cf el evangelio de san Lucas 2,41-52.

y Jesús regresará a Nazaret con sus padres y estuvo sujeto a ellos durante otros dieciocho años.

Para el papa Francisco, José es un padre obediente, acogedor, valiente, trabajador, discreto, pero, sobre todo, revela a Jesús y a cada uno de nosotros la ternura del Padre del cielo, una ternura que unge el bálsamo sobre nuestras debilidades:

> Jesús vio la ternura de Dios en José: «Como un padre siente ternura por sus hijos, así el Señor siente ternura por quienes lo temen» (Sal 103[102],13). En la sinagoga, durante la oración de los Salmos, José ciertamente habrá oído el eco de que el Dios de Israel es un Dios de ternura, que es bueno para todos y «su ternura alcanza a todas las criaturas» (Sal 145[144],9) [...]. Si esta es la perspectiva de la economía de la salvación, debemos aprender a aceptar nuestra debilidad con intensa ternura. El Maligno nos hace mirar nuestra fragilidad con un juicio negativo, mientras que el Espíritu la saca a la luz con ternura. La ternura es el mejor modo para tocar lo que es frágil en nosotros[4].

El padre, según el corazón de Dios, acepta que no es infalible y que no siempre tiene razón: reconoce sus errores y concede a los demás el derecho a equivocarse; puede cambiar de opinión, de punto de vista, y garantiza así a las personas de su entorno –especial-

---

[4] PAPA FRANCISCO, Carta apostólica *Patris corde* (Con corazón de padre), 8 de diciembre de 2020, n. 2.

mente a sus hijos, pero no solo a ellos– un espacio de libertad para desarrollarse, crecer, forjar sus opiniones, madurar sus decisiones, sintiéndose apoyados, pero nunca encerrados. En opinión de Fabrice Hadjadj, «ser un buen padre no es ser un experto»: «La verdadera cuestión es preguntarse: "¿Qué es, en definitiva, la buena paternidad humana?". Es, precisamente, una paternidad que pasa por las fisuras»[5].

Si no hemos tenido un padre, si nos ha faltado o nos ha herido, o si no somos el padre que quisiéramos ser para nuestros hijos, encomendémonos a san José. Él nos llevará al camino de la paternidad adecuado y tierno, a la paternidad que hace crecer, que alienta a avanzar tranquilizando, que consuela y anima a convertirnos en consoladores, en apóstoles, en pastores.

San José, por tu obediencia y tu humildad, has sido considerado digno de conocer los secretos del corazón del Padre; nosotros queremos ahora dejarnos enseñar por tu ejemplo y edificarnos por tu oración. Te encomendamos a nuestros hijos, a nuestro esposo, padre nuestro en la tierra; que por tu intercesión el Padre los atraiga a su ternura y les revele los secretos de su corazón.

---

[5] Entrevista a Fabrice Hadjadj, filósofo y padre de nueve hijos, para Aleteia el 3 de junio de 2021 (vídeo disponible en https://fr.aleteia.org/2021/06/03/video-fabrice-hadjadj-un-bon-pere-ce-nest-pas-un-expert/).

El estilo de Dios

El papa Francisco considera que la paternidad de Dios está hecha de cercanía, de compasión y de ternura:

> Un Dios que ama al hombre, nosotros nunca hubiéramos tenido la valentía de creerlo, si no hubiéramos conocido a Jesús. El conocimiento de Jesús nos ha hecho entender esto, nos ha revelado esto [...]. ¿Qué Dios está dispuesto a morir por los hombres? ¿Qué Dios ama siempre y pacientemente, sin pretender ser amado a cambio? ¿Qué Dios acepta la tremenda falta de reconocimiento de un hijo que pide un adelanto de la herencia y se va de casa malgastando todo? (cf Lc 15,12-13 [parábola del hijo pródigo]). Es Jesús que nos revela el corazón de Dios. Así Jesús nos cuenta con su vida en qué medida Dios es Padre. *Tam Pater nemo:* Nadie es Padre cómo Él. La paternidad es cercanía, compasión y ternura. No olvidemos estas tres palabras que son el estilo de Dios: cercanía, compasión y ternura[6].

¿Habéis pensado alguna vez en el padre de Bambi en la película de dibujos animados de Disney (1942)? No hay nada más distante: hace breves y solemnes apariciones, está presente para Bambi como el rey del bosque, pero nunca como su padre; y, sin

---

[6] Papa Francisco, *Audiencia general,* 3 de marzo de 2021.

embargo, aparece en los momentos importantes: en la muerte de su madre y luego, durante el incendio, para salvar a su hijo. ¿No es esta la imagen del Dios de la primera Alianza, que se deja encontrar, pero a quien hemos de tratar de alcanzar? «¡Ojalá rasgases el cielo y descendieses...!», se lamenta el profeta Isaías (Is 63,19).

¿Dónde están tu celo y fortaleza? ¿Es que han sido reprimidas tu entrañable ternura y compasión hacia nosotros? ¡Tú eres nuestro padre! (Is 63,15-16).

Jesús desgarró los cielos para acercarse a nosotros, «Dios con nosotros», para conocer por completo nuestra experiencia humana. «Quien me ha visto a mí ha visto al Padre» (Jn 14,9); a través de la mano de Jesús, es la mano del Padre la que toma la mano del paralítico para levantarlo, la que toca los ojos del ciego para devolverle la vista, la que saca a la mujer adúltera del barro, la que bendice a los niños pequeños y les da un beso.

Estoy tan convencido, Dios mío,
de que velas sobre todos los que esperan en Ti,
y de que no puede faltar cosa alguna
a quien aguarda de Ti todas las cosas,
que he determinado vivir de ahora en adelante
sin ningún cuidado, descargando en Ti
todas mis inquietudes [...].

Mi confianza se funda en mi misma confianza [...].
Seguro estoy de ser eternamente bienaventurado,
porque espero firmemente serlo,
y porque eres Tú, Dios mío,
de quien lo espero[7].

---

[7] *Acto de confianza* de san Claudio de La Colombière, tomado de https://es.la-croix.com/figuras-espirituales/he-resuelto-vivir-sin-preocupaciones-el-acto-de-confianza-de-san-claudio-la-colombiere.

Capítulo 11

Familias, reflejos del amor de Dios

Si la familia es tan importante, se debe a que es el ámbito humano en el que todo individuo tiene sus raíces y a que es la imagen concreta del amor de Dios: «El Dios Trinidad es comunión de amor, y la familia es su reflejo viviente», nos dice el papa Francisco[1]. Es la escuela de la ternura, el lugar donde se descubre, se recibe, se vive y se transmite.

La familia cumple del todo su papel cuando es «la Iglesia doméstica» en la que se aprende el Evangelio por el ejemplo y por el entorno, como fue el caso, entre muchos otros, de Teresita o de la beata Conchita, la madre de familia mexicana beatificada en 2019:

> Aunque tenía muchos sirvientes, mi madre ayudaba siempre en las tareas domésticas, en la cocina, en el regado de las plantas del patio y en la costura. Pero,

---

sobre todo, se ocupaba de mi padre y de sus hijos. Mi padre, por su parte, tenía un carácter alegre, franco y a veces un poco brusco, aunque no tardaba mucho en calmarse. No podía ver a una persona pasando necesidad sin prestarle ayuda. Era muy generoso con los pobres. En nuestras haciendas, por la noche, era él quien dirigía el rezo del rosario con la familia, los trabajadores y los campesinos[2].

El reflejo vivo de Dios

Me desposaré contigo para siempre, me desposaré contigo en justicia y en derecho, en misericordia y en ternura, me desposaré contigo en fidelidad y conocerás al Señor (Os 2,21-22).

Fidelidad y ternura son indisociables. Pero sabemos que la fidelidad que nos prometimos el uno al otro el día de nuestra boda, esa fidelidad que constituye uno de los cuatro pilares del matrimonio cristiano, en realidad no sabemos si seremos capaces de vivirla en cada instante de nuestra vida. ¿Cómo ser una pareja que perdura cuando todo cambia y se marchita a nuestro alrededor, cuando todo está predestinado a una obsolescencia programada?

---

[2] D. REYRE, *Moi, Conchita,* Pierre Téqui éditeur, París 2020 (cf en español: J. A. PEÑALOSA, *Yo soy Conchita Armida,* La Cruz, Ciudad de México 2020).

El secreto del amor que resiste al tiempo y a las tempestades es invitar en la pareja al Autor del amor: Dios. Sin el que ha inventado a la pareja, ¿cómo podríamos perdurar? «El Dios Trinidad es comunión de amor, y la familia es su reflejo viviente»[3]. Como escribía Jean Giraudoux, con un toque de provocación, en relación al relato del Génesis:

> Nunca hubo una criatura. No hubo más que la criatura. Dios no creó al hombre y a la mujer uno tras el otro. Creó dos cuerpos gemelos, unidos por tiras de carne que cortó el día en que creó la ternura.

Pero incluso los ideales que nos hacen soñar pueden no ser suficientes, no ofrecen ninguna garantía. La única salvaguarda que es absolutamente fiable es el amor hasta el punto de que «serían los dos una sola carne» (Gén 2,24; Mt 19,5), no en la fusión, sino en la entrega.

Este amor que da y que se da, la pareja lo llevará hasta el manantial inagotable del corazón de Dios, por medio de la oración, el perdón, el diálogo, el apoyo mutuo, la alegría compartida. No es ni un remedio mágico ni un resultado obtenido a pulso (creo que mi relación va bien, así que todo estará bien), y no se trata de sacrificarse, de aceptarlo todo apretando los dientes, de tragarse rencores

---

[3] Papa Francisco, Exhortación apostólica *Amoris laetitia,* n. 11.

y amarguras. No, ¡el amor humano llamado a ser un reflejo del Amor divino es irradiación, alegría, libertad, comunión, paz, confianza, risas, serenidad, maravilla, entusiasmo! Sabemos que nuestro cónyuge no puede colmarnos por completo, que lo más profundo de nuestros deseos y expectativas solo puede ser colmado por Dios. Elevemos a Dios nuestras recriminaciones y nuestras heridas, porque solo Dios puede ofrecernos un consuelo total y un amor en plenitud. No besemos el espejo, ¡sino a la persona que se refleja en él!

Seamos testigos de ese amor que trasciende, que eleva, que transfigura, que sublima.

Necesitamos encontrar las palabras, las motivaciones y los testimonios que nos ayuden a tocar las fibras más íntimas de los jóvenes, allí donde son más capaces de generosidad, de compromiso, de amor e incluso de heroísmo, para invitarles a aceptar con entusiasmo y valentía el desafío del matrimonio[4].

Serás dichoso, te irá bien;
tu mujer, como parra fecunda, en medio de tu casa;
tus hijos, como renuevos de olivo,
alrededor de tu mesa:
Esta es la bendición del hombre que teme al Señor
(Salmo 128[127],2-4).

---

[4] *Ib*, n. 40.

Hay una frase en el evangelio de Marcos que contiene todo un mundo de ternura: «Jesús se quedó mirándolo, lo amó» (Mc 10,21). Al acoger la mirada de amor que Jesús nos dirige, nosotros, por nuestra parte, podremos poner la mirada sobre nuestro cónyuge, nuestros hijos, nuestras familias, las personas que nos rodean y a las que nos cuesta trabajo soportar, pero que merecen y necesitan este amor.

Un amor de compasión

Nuestra familia se nos da como un don. Puede ser el lugar de las heridas más crueles, de los mayores odios, de los conflictos más violentos, porque en ella todo nos llega al corazón; con la gracia y la buena voluntad, puede convertirse en el lugar del amor más grande.

[Santa] Teresa [de Jesús y de la Santa Faz] invita a cada padre, a cada hijo, a ofrecerse a la misericordia divina, especialmente porque ninguna criatura puede colmar plenamente nuestra falta de amor. El amor humano que se vive en las parejas y en las familias es portador de promesas de ternura y de entrega que una relación profunda con Dios lleva a su plenitud. Con la ayuda de Dios, nuestro amor se convierte en un amor que ofrecemos voluntariamente a los demás, a pesar de nuestros egoísmos y de nuestros defectos, un amor de compasión que sostiene a cada miembro de la familia, un amor constante que no se escandaliza por sus limitaciones: «Ahora comprendo que la caridad perfecta consiste en soportar los defectos de los demás, en no escandalizarse de sus debilidades, en edificarse con los más pequeños actos de virtud que les veamos practicar» (C 12rº)[5].

Pidamos para nuestras familias una efusión de ternura, una gracia de paz, una pandemia de reconciliación, que se conviertan en el lugar donde cada uno de nosotros pueda ser plenamente él mismo en el respeto y en la confianza.

Santa Familia de Nazaret,
haz también de nuestras familias
lugar de comunión y cenáculo de oración,
auténticas escuelas del Evangelio
y pequeñas iglesias domésticas[6].

---

[5] J. Gauthier, *Thérèse de Lisieux, parole d'espérance pour les familles*, EdB, Montreal 2021.

[6] Papa Francisco, Exhortación apostólica *Amoris laetitia*, n. 325.

CAPÍTULO 12

La ternura en la Iglesia

Tras el maremoto del informe de la Comisión independiente sobre los abusos sexuales en la Iglesia (CIASE) denunciando lo ocurrido en la Iglesia, ¿podemos seguir confiando en ella? Por supuesto, ¡más que nunca! Porque quienes han hecho eso, quienes han cometido esos abyectos delitos contra inocentes que se les habían confiado para que los hicieran crecer en el amor a Dios y a la Iglesia, ¡no son el rostro de la Iglesia, no son el rostro de Cristo, no son el rostro de Dios! «Padre, perdónalos, porque no saben lo que hacen» (Lc 23,34), ora Jesús en la cruz. «Sí, sí que sabían lo que hacían», murmuran las víctimas dejando por fin que fluyan sus lágrimas.

Hay de todo en la construcción de una Iglesia, aunque soñemos que es perfecta. Porque está formada por hombres y mujeres imperfectos, y Cristo responde incesantemente cuando ella clama hacia él, al igual que nos responde también a nosotros cuando reconocemos nuestras faltas, y sigue confiando en nosotros y nos encomienda la responsabilidad de esos más pequeños que son sus hermanos:

El pastor debe tener el poder y la autoridad que tenía Jesús, esa de la humildad, esa de la mansedumbre, de la cercanía, de la capacidad de compasión, de la ternura[1].

A pesar de sus limitaciones y sus debilidades, la Iglesia es la madre que nos envuelve en su ternura[2]. La Iglesia ha sido siempre la primera en abrir escuelas para los pobres, en hacerse cargo de los huérfanos, en visitar a los cautivos, en liberar a los enfermos psiquiátricos, a quienes ataban en lugar de curar...

Cuando la Iglesia, sin descanso, escucha, cura, reconcilia, se convierte en lo que es en su mayor esplendor: una comunión de amor, de compasión, de consuelo, claro reflejo de Cristo resucitado. Nunca distante, nunca a la defensiva, libre de rigores, puede iluminar la humilde confianza de la fe hasta en nuestros corazones humanos[3].

Durante el año santo 2000, las multitudes se agolpaban en la plaza de San Pedro para franquear la Puerta Santa; desde su ventana, un emocionado anciano los observaba con ternura paternal:

---

[1] Papa Francisco, *Misa matutina en la capilla de la Casa Santa Marta*, «Con mansedumbre y ternura», 18 de septiembre de 2018.
[2] Cf la parte sobre la túnica en el capítulo 9.
[3] Hermano Roger Schutz, aplicación Taizé (para descubrir una frase diaria).

Frecuentemente me he parado a mirar las largas filas de peregrinos en espera paciente de cruzar la Puerta Santa. En cada uno de ellos trataba de imaginar la historia de su vida, llena de alegrías, ansias y dolores; una historia de encuentro con Cristo y que en el diálogo con él reemprendía su camino de esperanza[4].

La responsabilidad del testimonio

«Ved cómo se aman», decía Tertuliano hablando de los primeros cristianos en época de persecuciones; «ved cómo están dispuestos a morir unos por otros». El testimonio no son solo palabras, sino que estas palabras se acompañan de actos y de un modo de vida:

> Esto nos hace comprender la gran responsabilidad de los cristianos y de nuestras comunidades. Nosotros también debemos responder con el testimonio de una vida que se entrega en el servicio, de una vida que toma sobre sí el estilo de Dios –cercanía, compasión y ternura– y se entrega en el servicio. Se trata de sembrar semillas de amor no con palabras que se lleva el viento, sino con ejemplos concretos, sencillos y valientes, no con condenas teóricas, sino con gestos de amor[5].

---

[4] San Juan Pablo II, Carta apostólica *Novo millennio ineunte,* 6 de enero de 2001, n. 8.

[5] Papa Francisco, *Ángelus,* 21 de marzo de 2021.

Con mucha frecuencia somos débiles de corazón, y el abierto fervor de los nuevos convertidos nos fastidia un poco, aunque lo envidiemos secretamente. Nos cuesta soportar las sonrisas de suficiencia —o, peor aún, el asombro apiadado— de nuestros compañeros, cuando vamos a la máquina de café, porque vamos a misa los domingos. ¿Qué decir de esa pareja de cristianos en Paquistán que pasó seis años en prisión por una falsa acusación de blasfemia?

¡Pidamos al Espíritu Santo que nos inflame!, ¡que nos resulte insoportable que, en nuestro entorno, haya personas a las que queremos que no conocen a Jesús!, ¡que no saben que son amadas por el mayor amor que puedan imaginar! Esto no resolverá sus problemas, pero encontrarán un sentido, una dirección: descubrirán que no estarán solas jamás.

¡Oremos por nuestras iglesias, por nuestras parroquias, por nuestros grupos de animación, para que cada uno de nosotros se convierta en un san Pablo, en un san Pedro, en un san Francisco de Asís, en una santa Teresa de Jesús, en un san Francisco de Sales, en un santo Cura de Ars! Que seamos, como ellos, testigos de la ternura de Dios, atentos los unos a los otros, hospitalarios para el extranjero, para el recién llegado.

Llevemos la belleza, llevemos la luz a un mundo que busca la claridad y el calor, y, sobre todo, llevemos la ternura a un mundo duro e indiferente:

Señor, que nos has salvado, escúchanos; transfórmanos en discípulos de la luz y en artífices de la verdad; dado que, al nacer de ti, nos hemos convertido en hijos de la luz, haz que sepamos rendirte testimonio ante los hombres[6].

Todos hermanos

«Ved cómo se aman...». Es lo más difícil, amar a tiempo y a contratiempo, silenciar en nosotros la voz de la maledicencia y de la crítica, no aislarnos en una cómoda burbuja donde la desgracia del mundo no nos alcance, diciéndonos: «¡Uf!, ¡qué cerquita ha pasado!». Al aceptar que somos hijos e hijas de nuestro Padre del cielo, nos hacemos responsables de nuestros hermanos y hermanas:

El Señor dijo a Caín: «¿Dónde está Abel, tu hermano?». Respondió Caín: «No sé; ¿soy yo el guardián de mi hermano?» (Gén 4,9).

Animémonos a responder con un solo corazón: sí, yo soy el guardián de mi hermano, yo soy el guardián de mi hermana, nada de lo que les ocurra me es indiferente.

---

[6] Oración de Laudes.

Amaos cordialmente unos a otros; que cada cual estime a los otros más que a sí mismo. Alegraos con los que están alegres; llorad con los que lloran (Rom 12,10.15).

Animados por esta caridad fraterna, coloquémonos al frente, juntos, decididos, unidos bajo el estandarte de Cristo que ha venido a revelarnos que todos somos hermanos en la ternura del Padre. Me gustan mucho las historias en las que el protagonista descubre un hermano que no sabía que tenía, y de ahí surge una gran amistad. Pues bien, ¡el Evangelio es la buena noticia de que tenemos un Padre, hermanas y hermanos! ¡Qué bello sería nuestro mundo si todo lo que le pasa *a uno de esos mis hermanos más pequeños* nos afectara! ¡Qué hermosa sería nuestra Iglesia si se convirtiera en la casa de todos, en el hogar cálido y afectuoso de cada ser humano!

El gran mandamiento del amor al prójimo exige y urge a tomar conciencia de que tenemos una responsabilidad respecto a quien, como yo, es criatura e hijo de Dios: el hecho de ser hermanos en humanidad y, en muchos casos, también en la fe, debe llevarnos a ver en el otro a un verdadero *alter ego,* a quien el Señor ama infinitamente. Si cultivamos esta mirada de fraternidad, la solidaridad, la justicia, así como la misericordia y la compasión, brotarán naturalmente de nuestro corazón[7].

---

[7] BENEDICTO XVI, *Mensaje para la Cuaresma 2012,* 3 de noviembre de 2011.

CAPÍTULO 13

En el mundo sin ser del mundo

Todo trabajador merece respeto y dignidad, sea cual sea la tarea que realice. El sexto día de la creación, «vio Dios todo lo que había hecho, y era muy bueno» (Gén 1,31). Cada uno de nosotros, ya esté preparando una tarta de manzana o salvando vidas, siente esa necesidad de contemplar lo que ha hecho con una sensación de orgullo: es hermoso, es bueno, hará bien.

El trabajo es lo que hace al hombre semejante a Dios, porque con el trabajo el hombre es un creador, es capaz de crear [...]. Esta es la vocación [...]. El trabajo tiene en sí mismo una bondad y crea la armonía de las cosas –belleza, bondad– e involucra al hombre en todo: en su pensamiento, en su acción, en todo. El hombre está involucrado en el trabajo. Es la primera vocación del hombre: trabajar. Y esto le da dignidad al hombre[1].

---

[1] Papa Francisco, *Homilía: El trabajo es la vocación del hombre,* viernes 1 de mayo de 2020, en la fiesta de san José obrero.

El joven italiano Pier Giorgio Frassati quería dedicarse a una profesión que tuviera sentido, vinculada con su fe activa; de modo que aceptó la tarea de encargarse de la empresa familiar, el gran periódico que dirigía su padre[2].

Para Chiara «Luce» Badano, pasamos de largo por nuestra vida cuando no nos afianzamos en la realidad, divididos entre la angustia del pasado y el miedo al futuro:

> Si lo pensamos bien, nos daremos cuenta de que, con frecuencia, el hombre no vive su vida, porque está sumido en momentos que no existen: en el recuerdo o en el remordimiento...
>
> En realidad [...] el único momento que el hombre posee es el instante presente, que hemos de vivir íntimamente, aprovechándolo plenamente. Al vivir así, sin duda, el hombre se siente libre porque ya no está atrapado bajo la angustia de su pasado y las preocupaciones por su futuro. Es verdad que no es fácil lograr este objetivo, y que requiere un esfuerzo constante [...], el de dar un sentido a cada uno de nuestros actos, grandes o pequeños, que estén siempre [...] al servicio de los demás.
>
> Si lo pensamos bien, cada hombre trabaja ya para los demás, tanto el obrero que está fijando un tornillo como el labrador que siembra en el campo, pero a

---

[2] La polio no le permitió poner en práctica esta decisión; murió a los 24 años.

menudo pierde el sentido más auténtico y más importante de su trabajo[3].

El ejemplo de Frédéric Ozanam

Nacido en Milán en 1813 y fallecido en Marsella en 1853, Fréderic Ozanam fue un historiador, jurista y profesor en La Sorbona. Luchó contra la pobreza combinando reflexión y acción: fundó la Sociedad San Vicente de Paúl para ayudar a los más desfavorecidos mientras hacía una profunda reflexión sobre la sociedad de su época, tanto a nivel político y social como a nivel espiritual.

En su opinión, es siguiendo el ejemplo de Cristo como daremos a nuestro trabajo un sentido lo bastante poderoso como para poder vivir de ello. ¿Y si el resultado de nuestro trabajo se midiera por la cantidad de amor y de ternura que hemos puesto en él?

El que iba a regenerar el mundo ocultó durante treinta años su persona divina en el taller de un carpintero. El cristianismo rehabilita el trabajo haciendo que de él deriven las más grandes virtudes, sometiendo a él a sus anacoretas y monjes, despertando en la persona del trabajador el sentimiento de la dignidad indivi-

---

[3] «Dissertation sur le temps», escrita en 1989, a los 17 o 18 años, en https://www.chiara-luce.fr/?p=128.

dual [...]. Todos los hombres [son los] obreros de una obra que solo culminará al final de los siglos[4].

Teresita de Lisieux se veía como un pajarito y no pretendía imitar los grandes logros de los santos, a los que consideraba como grandes águilas. Decidió que subiría al cielo por «un caminito muy recto, muy corto», adaptado a su debilidad: un ascensor. ¿Y qué era?

¡El ascensor que ha de elevarme hasta el cielo son tus brazos, Jesús! Y para eso, no necesito crecer; al contrario, tengo que seguir siendo pequeña, tengo que empequeñecerme más y más[5].

La escala de valores

Hay una pista que nos ayudará a salir del orgullo que siempre nos acecha y que bloquea la fuente de la ternura en nuestro interior: el relativismo. «¿Quién te hace tan importante? ¿Tienes algo que no hayas recibido?» (1Cor 4,7). Según mi ámbito de competencia, puedo pensar en ejemplos que me superan: genios, sabios, compositores famosos, pintores de gran talento, oradores, inventores, santos... y colocarlos en una

---

[4] F. Ozanam, *Notes d'un cours de droit commercial,* en *Oeuvres complètes* VIII, Mélanges, Lecoffre, París 1859.

[5] Santa Teresa de Lisieux, *Manuscrito C*, 3r, en *Obras completas,* Monte Carmelo, Burgos 2006, 274.

escala. ¿En qué escalón puedo ahora yo situarme en relación a ellos? ¿El último, el penúltimo?

El objetivo de este pequeño ejercicio no es desalentarnos, sino ayudarnos a considerar a esos amigos del cielo o de las artes que quieren tendernos la mano y elevarnos a su nivel. ¡Qué aburrimiento pensar que lo sabemos todo! Es una alegría descubrir siempre nuevas competencias que adquirir, nuevos conocimientos que aprender, nuevas experiencias que indagar, y es apasionante poder ir cada vez más lejos por nuevos caminos sin explorar.

De escalón a escalón, vamos subiendo, no por nuestras solas fuerzas, sino gracias a la ayuda y los ánimos de quienes nos han precedido. No tenemos ya miedo de nuestras debilidades, no nos sentimos humillados ante la idea de pedir ayuda... al contrario. Como nos dice san Pablo:

Por medio del Evangelio soy yo quien os ha engendrado para Cristo Jesús. Así pues, os ruego que seáis imitadores míos (1Cor 4,15-16).

Así entramos en una fraternidad en la que cada cual se interesa por el último más pequeño para hacerle progresar. ¡Cuánto nos impulsa a avanzar esa mirada de ternura, de confianza, de aliento! ¡Cuánto nos hace crecer! Es, por ejemplo, una de las bases del movimiento scout, donde, como en una familia, los mayores se ocupan de los pequeños:

Conforme al espíritu del movimiento, el scout se compromete a progresar; no es un espectador que vive la vida, su vida, sentado mientras ve actuar a los demás; es un actor concreto antes de pasar a ser un director de escena encargado de hacer el mundo mejor [...]. El líder adquiere un compromiso único e incomparable. Todas las actividades serán guiadas por el deseo de hacer crecer en todas las dimensiones de la persona a aquellos que se le han confiado. Por tanto, deberá siempre cuestionarse sobre el sentido de su acción y no repetir nunca de forma automática, por facilidad o escudándose en la tradición, lo que se ha hecho anteriormente. Deberá guiarle la benevolencia. Como líder, es él quien está al servicio de los demás, quien trabaja con los demás para mostrar su ejemplo, no quien impone lo que ha de hacerse. El scout está hecho para servir y salvar a su prójimo; el más fuerte protege al más débil[6].

La verdadera fuerza de la bondad

Amar hasta correr riesgos... este es el ejemplo que nos ofrecen Jesús y muchos santos después de él. El secreto de los creyentes es una locura para el mundo, consiste en recibir una bofetada en una mejilla y responder poniendo la otra para recibir un beso.

---

[6] P.-H. BERTIN, «Le scoutisme ou l'espérance d'un monde meilleur», en *Inflexions* 37 (2018/I).

Quien cultiva la bondad en su interior recibe a cambio una conciencia tranquila, una alegría profunda aun en medio de las dificultades y de las incomprensiones. Incluso ante las ofensas recibidas, la bondad no es debilidad, sino auténtica fuerza, capaz de renunciar a la venganza[7].

El antídoto del orgullo se encuentra en esta *kénosis,* un término erudito que significa el abajamiento causado por el amor. Es el fundamento mismo de la encarnación:

> Cristo Jesús [...], siendo de condición divina, no retuvo ávidamente el ser igual a Dios; al contrario, se despojó de sí mismo tomando la condición de esclavo, hecho semejante a los hombres. Y así, reconocido como hombre por su presencia, se humilló a sí mismo, hecho obediente hasta la muerte, y una muerte de cruz (Flp 2,5-8).

¿Qué buscamos en el fondo cuando nos dejamos llevar por el orgullo? ¿Ser el mejor? ¡Pero si ya somos una maravilla a los ojos de Dios! ¿Ser la favorita, el favorito? ¡Pero si Dios nos dice a cada instante que somos su hija bienamada, su hijo bienamado! ¿Destacar por encima de la multitud? ¡Pero si Dios nos coge, a cada uno de nosotros, de entre todos los

---

[7] Papa Francisco, *Discurso en el encuentro con los niños en el centro Betania,* Tirana, 21 de septiembre de 2014.

hombres para colocarnos a su derecha, para coronarnos de amor y de ternura, para hacernos partícipes de su reino! Dios nos da mucho más de lo que nuestro pequeño y limitado orgullo podría darnos en riquezas, yates, limusinas, lingotes de oro. Jesús se abajó hasta la tierra, por eso pudo ser elevado por el amor de su Padre hasta la gloria del cielo, y nos lleva a todos a esta gloria, a este amor.

Por eso Dios lo exaltó sobre todo y le concedió el Nombre-sobre-todo-nombre; de modo que al nombre de Jesús toda rodilla se doble en el cielo, en la tierra, en el abismo, y toda lengua proclame: Jesucristo es Señor, para gloria de Dios Padre (Flp 2,9-11).

Señor, te abro mi corazón,
ven a visitarme hasta lo más profundo de mi ser,
allí donde tanto miedo tengo de no ser aceptado,
de no estar en mi sitio, de no ser amado,
allí donde tanto miedo tengo de ser olvidado,
de no contar para nada, de ser rechazado.
Me he construido una coraza
para brillar ante los ojos de los hombres
y hoy dejo, Señor, que me despojes de ella,
como te despojaron a ti de tu túnica
en el camino de la cruz.
Dejo que me revistas tú mismo
con la túnica más hermosa,
que pongas un anillo en mi dedo,

y sandalias en mis pies,
que me corones de amor y de ternura.
Señor, traté de ocultar en mi interior
al patito feo,
al pobre, al mendigo,
y tú me estás diciendo que soy un príncipe,
que soy una princesa,
el hijo amado del Rey de reyes.
Señor, perdóname por haber tratado
de tomar por la fuerza o con engaños
lo que tú querías darme por amor.

CAPÍTULO 14

El don gratuito de la misericordia

Los psicólogos nos dicen que perdonar es beneficioso; y es necesario en todo proceso de sanación interior, porque el rencor y el odio que conservamos acaban por volverse contra nosotros. El perdón no borra el recuerdo, que no puede evitar traernos de vuelta, como el primer día, el horror, la vergüenza, la desesperación que sentimos durante la agresión, fuera del tipo que fuera. El deseo de perdonar es a veces lo único que, durante años, seremos capaces de dar. Jesús mismo, en el momento de su muerte, no dijo: «Padre, yo los perdono...», sino «Padre, *perdónalos...*» (Lc 23,34).

Una mano tendida

Procedente de otra dimensión, del estrato más profundo del ser humano, ¿no es la misericordia de

Dios la invención más escandalosa que ha nacido del corazón de Dios? Y, sin embargo, la ternura es indisociable de la misericordia:

Sed buenos, comprensivos, perdonándoos unos a otros como Dios os perdonó en Cristo (Ef 4,32).

¿Qué es exactamente la misericordia? Es el perdón llevado hasta el extremo, hasta lo imposible. Podemos perdonar –aunque siempre es difícil– a quien se arrepiente, a quien pide perdón, a quien reconoce sus equivocaciones. Pero ¿perdonar a quien niega, a quien se burla, a quien insulta? Cuando no queremos, cuando no podemos perdonar, comienza el tiempo de la misericordia.

La misericordia surge de las entrañas, expulsa la razón, crea un puente sobre el vacío, tiende una mano al asesino. Es la ira de la madre ante el hijo culpable al que está regañando con insistencia, cuando, de repente, percibe el brillo de una lágrima en sus párpados cerrados; y entonces, sin terminar la frase, le abre sus brazos. Es la frase de Assunta Goretti cuando, al abrir la puerta, se encuentra frente al asesino de su hija. Y a ese encuentro sigue un diálogo que ya pertenece al cielo:

—Assunta, ¿sabe usted quién soy?
Un segundo de silencio en el que sus miradas se cruzan.

—Alessandro –dice ella.

—Mi redención no será completa si no obtengo su perdón. Assunta, ¿podrá perdonarme usted algún día?

—Hijo mío, mi Marietta te ha perdonado, el Buen Dios te ha perdonado... Yo también te perdono.

Ella le abrió los brazos y él se arrojó a ellos, agradecido.

—Después de tanto tiempo me da la impresión de haber recuperado el cariño de mi pobre madre –confía él[1].

«El Señor es compasivo y misericordioso, lento a la ira y rico en clemencia» (Sal 103[102],8), espera contra toda esperanza, nos dice que ningún pecado es demasiado grave ante su amor. Ante la misericordia no hay un punto de no retorno: todos nuestros caminos llevan a Dios, incluso los más tenebrosos, los más tortuosos. Cuando creemos habernos alejado de Dios, es cuando estamos cerca de Él, porque Él se hace cercano.

«Se le echó al cuello...»

Detengámonos en la parábola del hijo pródigo, por ejemplo, desde el punto de vista de los sirvientes... «¿Dónde está nuestro amo? ¿Sigue aún plantado en

---

[1] O. Haumonté, *Maria Goretti et Myriam Achkar. La force des colombes*, Pierre Téqui editeur, París 2016.

medio del camino por si vislumbra el regreso de ese bribonzuelo? Ese tonto le reclamó la mitad de su fortuna: su herencia, dijo el muy malvado, y eso que su padre estaba vivo. Qué miserable; ahora se lo estará pasando bien, despilfarrando en fiestas y diversiones cada moneda tan duramente ganada por nuestro amo durante toda una vida de trabajo. ¿Por qué iba a regresar? Se nos rompe el corazón al ver a nuestro amo esperar, día tras día, el regreso de ese ingrato, escrutando el camino hasta desgastarse los ojos. Pero ¿qué le pasa ahora? ¡Nuestro amo se ha echado a correr! ¡Un hombre de su condición, ponerse a correr como un sirviente! Y se dirige hacia un mendigo, un vagabundo... ¿Se habrá vuelto loco? A menos que... ¡Pero si es él! ¡El astuto, el ingrato, el ladrón ha vuelto! La aventura no le ha sentado nada bien, ahí está, harapiento, flaco y sucio. ¡Esperemos que reciba el castigo que merece! ¡¿Cómo?! No puedo creer lo que estoy viendo: ¡nuestro amo se ha echado a su cuello, le está cubriendo de besos! ¿Se puede amar hasta ese extremo? Nos está llamando. ¿Qué dice?, ¿que le llevemos la mejor túnica para vestirle?, ¿que le pongamos un anillo en el dedo y sandalias en los pies?, ¿que preparemos un gran banquete matando al ternero cebado? Después de todo, es cierto: su hijo había muerto y ha vuelto a la vida; se había perdido y se le ha encontrado. Nos habíamos preparado para hacer duelo por él y estamos celebrando su regreso. Venid, amigos míos, preparemos una gran fiesta, llamemos a los músicos y reunamos a los bailarines, llenemos de vino nuestras copas, compartamos la alegría de nuestro amo bueno...».

Vayamos ahora a la multitud que mantiene su mirada fija en Jesús cuando acaba de contar esta parábola. Las reacciones son muy diversas: «Pero ¡la mitad de su fortuna!», «¡Qué hermoso saberse amado hasta este punto!», «¿Qué padre sería capaz de hacer lo mismo?».

Jesús pasea su mirada sobre ellos, sobre nosotros: ¡Quiere decirnos mucho más! Si supierais hasta qué punto os ama mi Padre. Si supierais lo poco que importan vuestros pecados: no significan nada ante la inmensidad de su amor. Si supierais cuánto espera vuestro regreso, en cada instante, escrutando el camino de vuestra vida y alegrándose con cada pequeño movimiento de vuestro corazón hacia Él. ¿El padre de la parábola os parece admirable? Pues es solo un pálido reflejo de mi Padre... de vuestro Padre. ¿Entendéis que he venido para llevaros hasta el corazón del Padre?

Misericordia y exigencia

Por supuesto, Jesús quiere enseñarnos hasta qué punto el hijo pródigo ha abusado de la bondad de su padre y nos recuerda que sin exigencia no es posible crecer. Porque la certeza de la misericordia y del amor incondicional de Dios no debe permitirnos complacernos en nuestro pecado. Al contrario, ¡es una escalera hacia el cielo! La llorada Georgette Blaquière nos lo recuerda con virulencia:

> Hay una manera de decir «Dios me ama tal como soy» que raya en la blasfemia. Claro que Dios nos ama tal como somos, porque es misericordioso, pero nos quiere santos. No quiere que permanezcamos en nuestro pecado. Nos acepta allí donde estamos, nos quiere santos de su propia santidad[2].

La fundación Apprentis d'Auteuil ha llevado a cabo una campaña de comunicación para recordar a todos los jóvenes, sobre todo a los que han perdido la autoestima, que son una maravilla ante los ojos de Dios y para el mundo:

> «No soy bueno en nada». A fuerza de escuchar que no valemos nada, acabamos por creerlo. En Apprentis d'Auteuil vemos lo mejor de cada uno de los 30.000 jóvenes que nos acompañan día tras día[3].

La misericordia destierra la pasividad; es un soplo, un impulso, un vuelo del corazón hacia el prójimo,

---

[2] G. BLAQUIÈRE, *Une culture de Pentecôte. Libres propos sur le Renouveau charismatique,* EdB, París 2007.

[3] Publicado en la revista *À l'écoute* (octubre-noviembre de 2021) y en su Facebook.

hacia el más frágil, hacia el más débil, hacia el que lucha con sus problemas. Es el consuelo y la alegría, la compasión y la escucha, el candor y la generosidad.

> Nos has concedido tu aliento de vida,
> nos has concedido nombrar todas las cosas,
> nos has concedido un mundo que transformar,
> nos has concedido hermanos para amar[4].

Justicia y caridad

La misericordia no impide la justicia de llevar a cabo el trabajo; al contrario. Todo crimen o delito ha de ser sancionado a nivel penal y/o civil.

> En nombre de la misericordia hacia los criminales hemos dejado que los inocentes sufran –admite el padre Pavel tras el informe de la Comisión Sauvé–. Esta idea de la misericordia es falsa. Tenemos que examinar lo que estamos haciendo. Es necesario que la justicia y la ley que Dios nos ha dado encuentren su lugar adecuado en nuestra vida común. El camino de la misericordia es posible porque tratamos de cumplir la ley hasta el final[5].

---

[4] Oración de intercesión de Laudes, lunes II.
[5] Hno. Pavel Syssoev, op, «Les abus sexuels dans l'Église, "Notre obligation, c'est la justice"», en *Famille Chrétienne* 2281 (2-8 de octubre de 2021), 11.

Hay también una justicia eclesial; la conocemos sobre todo a nivel del derecho civil por los procedimientos de reconocimiento de nulidad matrimonial, pero comporta un aspecto penal que se añade a las sanciones de la justicia estatal: por ejemplo, una pena de excomunión será pronunciada por los tribunales eclesiásticos sin que ello interfiera con la condena penal del sistema judicial (sanción, cárcel e incluso la pena de muerte cuando existía).

¿Por qué es importante mantener esta justicia de la Iglesia que arrastra vestigios de la Inquisición y de la caza de brujas? El aspecto que nos parece primordial es el reconocimiento del sufrimiento de las víctimas, porque el daño que han sufrido las víctimas de un hombre de Iglesia está, en gran parte, en el plano espiritual: el agresor actuó en cuanto autoridad espiritual. La condena eclesial es también un acto de caridad para el agresor, porque al ser condenado podrá emprender un camino de redención. La reciente reforma del *Código de Derecho canónico* lo ilustra:

> El respeto y la observancia de la disciplina penal incumbe a todo el Pueblo de Dios [...]. Debe ejercerse como concreta e irrenunciable exigencia de caridad ante la Iglesia, ante la comunidad cristiana y las eventuales víctimas, y también en relación con quien ha cometido un delito, que tiene necesidad, al mismo tiempo, de la misericordia y de la corrección de la Iglesia[6].

---

[6] Papa Francisco, Constitución apostólica *Pascite Gregem Dei*, con la que se reforma el libro VI del *Código de Derecho canónico*, 23 de mayo de 2021.

En el momento en que se publicó el informe de la Comisión independiente sobre los abusos sexuales en la Iglesia (CIASE), Mons. Éric de Moulins-Beaufort se manifestó así:

Ante quienes han sido víctimas de tales actos por parte de sacerdotes, religiosos u otras personas de la Iglesia, debo expresar mi vergüenza, mi horror y mi determinación para trabajar con ellos con el fin de que el rechazo a ver, el deseo de ocultar o encubrir los hechos y la reticencia a denunciarlos públicamente desaparezcan de las actitudes de las autoridades eclesiásticas, de los sacerdotes y los agentes de pastoral y de todos los fieles. Estad seguros de que hablo en nombre de todos los obispos.

Mujeres y hombres, víctimas que estáis hoy aquí con nosotros esta mañana, y a algunas de las cuales conozco por su nombre, con algunas de las cuales tanto yo como otros obispos hemos trabajado a lo largo de estos últimos años, mi deseo hoy es pediros perdón. Perdón a cada uno y a cada una [...].

Imploramos la gracia de Dios, es decir, su consuelo y su fuerza, para que seamos capaces de dejar que la luz penetre en las zonas más oscuras. Que jamás renunciemos a la claridad. Que jamás nos resignemos a la ambigüedad. Trabajaremos, junto con la Iglesia universal, en nuestra teología del sacerdocio bautismal y del sacerdocio apostólico. Queremos hoy y siempre servir a Cristo en su sacrificio: él dio su vida para abrir la esperanza de que el sufrimiento y la violencia no prevalecerán al final de la historia y de que los pequeños y los olvidados serán los primeros en la luz[7].

Si nuestro corazón nos condena

Aunque todos los tribunales de la tierra desestimen nuestro caso, hay un juez implacable que nos persigue incansablemente: ¡nosotros mismos! Nos presentamos como víctimas, siempre es culpa de los demás, y luego la situación da un giro y nos desesperamos, nos detestamos, nos acusamos.

¿Por qué somos incapaces de aceptar la mirada misericordiosa que Dios nos dirige, la mirada misericordiosa con la que ve nuestras debilidades, nuestros pecados? Es un ataque de orgullo, un vestigio de desconfianza, ese viejo reflejo que nos llega desde el alba de los tiempos: «Tuve miedo y me escondí», dice Adán (cf Gén 3,10).

A un niño que se ha caído al suelo y está enfadado no le resulta fácil dejar que su padre lo ponga de nuevo en pie. Para dejarse levantar hay que aceptar reconocerse pequeño y débil, hay que aceptar la ayuda de quien es más grande que nosotros:

---

[7] Comunicado de prensa, 5 de octubre de 2021, fragmentos.

En esto conoceremos que somos de la verdad y tranquilizaremos nuestro corazón ante él, en caso de que nos condene nuestro corazón, pues Dios es mayor que nuestro corazón y lo conoce todo (1Jn 3,19-20).

Dios convierte esa sensación de pequeñez que nos aplasta en una mirada de esperanza hacia lo alto. Nos toma de la mano (me atrevería a decir), nos pone en pie, y descubrimos así que no éramos tan bajos ni tan pequeños como pensábamos, que podemos dar un paso, y que ese paso nos eleva todavía un poquito más[8].

Por medio del perdón y de la misericordia, Dios nos llama a la ternura hacia nosotros mismos: comencemos por consolar al niño pequeño que llora en nuestro interior antes de volvernos hacia los demás para enjugar sus lágrimas.

La misericordia es el comodín de Dios cuando no hemos conseguido hacer lo que nos pedía, obedecer sus mandamientos, seguir su Ley de amor; es la solución definitiva, el arma más poderosa, la última oportunidad del condenado:

Uno de los malhechores crucificados [...] le decía: «Jesús, acuérdate de mí cuando llegues a tu reino». Jesús le dijo: «En verdad te digo: hoy estarás conmigo en el paraíso» (Lc 23,39-43).

---

[8] Pastor Marc Pernot, Ginebra, en www.jecherchedieu.ch.

La misericordia nos dice que no estamos solos, ni siquiera en los momentos en que el mundo entero parece abandonarnos. En nuestro corazón está grabada la fórmula secreta de un amor que se queda tras la puerta, preparado para entrar en nosotros si abrimos la entrada.

Si en una noche de oración nos sentimos débiles y vacíos, si nos parece que la vida ha sido completamente inútil, en ese instante debemos suplicar que la oración de Jesús se haga nuestra. «Yo no puedo rezar hoy, no sé qué hacer: no me siento capaz, soy indigno, indigna». En ese momento, es necesario encomendarse a él para que rece por nosotros. Él en este momento está delante del Padre rezando por nosotros, es el intercesor; hace ver al Padre las llagas, por nosotros. ¡Tenemos confianza en esto! Si nosotros tenemos confianza, escucharemos entonces una voz del cielo, más fuerte que la que sube de los bajos fondos de nosotros mismos, y escucharemos esta voz susurrando palabras de ternura: «Tú eres el amado de Dios, tú eres hijo, tú eres la alegría del Padre de los cielos»[9].

---

[9] Papa Francisco, *Audiencia general sobre el bautismo de Jesús,* 28 de octubre de 2020.

La revolución de la ternura

No se trata de un mensaje, de un eslogan, de una opinión que transmitimos educadamente en nuestro entorno: ¡estamos llamados a ser revolucionarios! Preparemos la revolución de la ternura, la sacudida del Evangelio, la agitación de la alegría, el tumulto del amor fraterno. ¡Seamos los anti-distancia, anti-frialdad, anti-indiferencia!

El tercer y último mensaje que me gustaría compartir hoy se refiere precisamente a la revolución: la revolución de la ternura. ¿Qué es la ternura? Es el amor que se hace cercano y concreto. Es un movimiento que procede del corazón y llega a los ojos, a los oídos, a las manos. La ternura es usar los ojos para ver al otro, usar los oídos para escuchar al otro, para oír el grito de los pequeños, de los pobres, de los que temen el futuro; escuchar también el grito silencioso de nuestra casa común, la tierra contaminada y enferma. La ternura consiste en utilizar las manos y el corazón para acariciar al otro. Para cuidarlo. La ternura es el lenguaje de los más pequeños, del que necesita al otro: un niño se encariña y conoce a su padre y a su madre por las caricias, por la mirada, por la voz, por la ternura. Me gusta escuchar cuando el padre o la madre hablan a su niño pequeño, cuando ellos también se vuelven niños, hablando como habla él, el pequeño. Esta es la ternura, abajarse al nivel del otro. También Dios se abajó en Jesús para ponerse a nuestro nivel[1].

Hay miles de representaciones del mundo de mañana en películas futuristas. ¿Será deshumanizado y robotizado? ¿Apocalíptico y devastado? ¿Habrá vuelto a la edad de piedra? ¿Estará en manos de una élite que vive en la tierra o en una burbuja?

¡El mundo del mañana será lo que hagamos de él hoy! Si así lo decidimos, si trabajamos por ello, será dichoso, será fraterno, será acogedor. Dado que somos todos hijos de un mismo Padre, hermanos y hermanas en Cristo, viviendo juntos en un mundo que se nos ha dado, no debería resultarnos difícil respetar nuestro planeta como un niño que ordena su habitación, compartir sus recursos como un niño que comparte su merienda, disfrutar de lo esencial como un niño que juega con la caja de embalaje de su juguete.

---

[1] PAPA FRANCISCO, *Videomensaje en la conferencia TED 2017,* Vancouver, 26 de abril de 2017.

Recuperemos la simplicidad de los niños, el camino de la infancia de Teresita. Mano a mano, arrodillémonos y digamos juntos: Padre nuestro...

¡Vosotros sois de Cristo! Este es el sentido profundo de vuestra historia hasta el día de hoy, pero es sobre todo la clave para afrontar el futuro. Sed siempre de Cristo en la oración, al cuidado de vuestros hermanos y hermanas más pequeños. No tengáis miedo de participar en la revolución a la que él os llama: la revolución de la ternura. Cristo camina con vosotros y os guía[2].

---

[2] Papa Francisco, *Discurso a los muchachos del Centro social David de Oliveira Martins,* Braga (Portugal), 28 de septiembre de 2019.

Índice

Índice